다 함께 놀자,
음악놀이터

다 함께 놀자, **음악놀이터**

초판 1쇄 발행 2020년 7월 15일
초판 2쇄 발행 2022년 5월 2일

지은이 한승모, 박지원, 박채현

발행인 김병주
COO 이기택 **CMO** 임종훈 **뉴비즈팀** 백헌탁, 이문주, 백설
행복한연수원 이종균, 이보름, 반성현 **에듀니티교육연구소** 조지연
경영지원 박란희 **편집부** 이하영, 최진영

펴낸 곳 (주)에듀니티
도서문의 070-4342-6110
일원화 구입처 031-407-6368 (주)태양서적
등록 2009년 1월 6일 제300-2011-51호
주소 서울특별시 종로구 인사동5길 29 태화빌딩 9층
출판 이메일 book@eduniety.net
홈페이지 www.eduniety.net
페이스북 www.facebook.com/eduniety
포스트 post.naver.com/eduniety

ⓒ 한승모, 박지원, 박채현, 2020
ISBN 979-11-6425-068-4
값은 뒤표지에 있습니다.

문의하기

투고안내

몸도 마음도 들썩들썩 신나는 교실

다 함께 놀자,
음악놀이터

한승모 글 | 박지원·박채현 그림

에듀니티

추천사 ♩♪♫

문화예술에는 주인이 따로 없습니다. 문화예술 교육 또한 정해진 답은 없습니다. 다만 각각의 틀 안에서 자연스럽게 실타래처럼 풀어나갈 뿐이지요. 자연스럽게 체화된 음악, 미술, 문학이 좋은 표현으로 흘러나오는 것은 오랫동안 많은 사람이 꿈꿔온 교육 방법론입니다. 이 책이 음악 교과목에서 학교 교육의 현장에서 마침내 그런 교육을 꽃 피우고, 열매 맺게 도와주리라 확신합니다. 이에 그저 반갑고 고맙습니다.

쉽지 않은 작업을 마무리해낸 한승모 선생님의 끈기와 열정에 깊은 경의를 표하며 이 책을 추천합니다.

—— 박재은(전 한국문화예술교육진흥원 원장, 작곡학 박사)

어릴 적, 산으로 들로 물로 깜깜해질 때까지 친구들과 몰려 돌아다니면서 말도 안되는 노래를 만들어 흥얼거렸습니다. 지금 생각해보니 놀자고 동네 아이 부르던 말에도, 얼레리꼴레리 놀리던 말에도 노래가 있었습니다. 음악책에 없는 노래면 어떤가요. 우리끼리 막 지어 부르기도 했었지요. 놀면서 음악을 알고, 노래하면서 세상을 알았습니다.

그때는 피아노 학원도 없었지만, 음치도 박치도 없었습니다. 그게 지금의 나를 키웠지요. 그 덕분에 지금도 기타 메고 노래하는 일이 즐겁습니다. 반면, 요즘 아이들에게 음악이 뭐냐고 물어보면 뭐라고 할까요? 알수록 피곤하고 다가갈수록 따분한 공부거리라고 말하지 않을까요? 노래든 악기든 다 '잘'해야만 박수 받으니까요. 그게 다 점수고 등수지요. 그런데 여기, 음악은 놀이라고 외치며 음악놀이를 만들어온 교사가 있습니다. 어른이지만 교실에 가면 아이들과 음악으로 한바탕 노는 아이가 됩니다. 아이들보다 더 해맑게 웃고 음악 놀이터에서 더 신나게 놉니다. 아이들이라는 음표가 천방지축 뛰어다니는 교실을 아름다운 음악으로 채우고 싶은 교사들에게 이 책을 권합니다. 음악이 공부라고 생각하는 사람은 절대로 읽지 마세요.

—— 민병희(강원도교육감)

음악을 놀이처럼 재미있게 가르치는 것은 많은 음악 교사의 꿈이자 바람일 것입니다. 이에 현장의 많은 선생님이 열정적으로 자기계발에 힘쓰며 학생들 지도에 헌신하고 계시지요. 그중에서도 특히 한승모 선생님은 공부한 내용을 현장에 적극적으로 적용하면서 자신만의 음악지도 노하우를 많은 선생님과 공유하고자 용기를 냈습니다. 저와 함께 공부한 내용과 방법을 우리 아이들이 즐겁게 활동할 수 있게 전달하는 한승모 선생님께 감사의 마음을 전합니다. 음악놀이터에 더 많은 학생과 선생님들을 초대하니 함께 즐겨주시길 권합니다.

——조순이(춘천교육대학교 음악교육과 교수)

'음악의 생활화'라는 다소 현실감 없는 황당한 교육목표를 말하는 분들이 연구실에만 있는 동안 현장 선생님들은 살아 있는 음악, 즐기는 음악으로 오래전부터 생활화를 실천하고 있었습니다. 그분들은 음악을 재미있게 가르칠 줄 압니다. 말 그대로 '소리의 즐거움(音樂)'을 교실에서 실천하고 있달까요. 이 책은 그 산물입니다. 학교음악이 생활화되지 못하는 대신 '생활음악의 학교화'가 이루어진 이유는 학교음악이 재미가 없어서입니다. 그렇다면 재미있는 음악을 위해 필요한 것은 무엇일까요? 바로 놀이입니다! 음악이 사교육의 전유물처럼 되었다가 이제 사교육에서도 힘을 잃어 다시 학교교육으로 돌아갈 시점에 이런 현장감 있는 책이 나와 반갑습니다. 앞으로는 놀이 위주, 융합 중심의 교육이 되어야 합니다. 창의적 음악은 놀이에서 나옵니다. '학교에 〈음악〉과목이 꼭 존재할 필요가 있는가?' 하는 의구심을 말끔히 없애주는, 아이들과 선생님이 함께 노는 음악시간을 만들어줄 이 교재가 너무 고맙습니다. 이 책이 코다이가 주창한 "음악은 모든 사람의 것"을 실천하는 좋은 도구가 되리라 확신합니다.

—— 조홍기(사단법인 한국코다이협회 회장, 음악학 박사)

이 책을 읽어 내려가다 보면 음악과 함께 즐겁게 노는 아이들의 웃음소리가 들리고, 그 사이사이로 햇살처럼 퍼지는 음악적 배움이 느껴지는 듯합니다. 한승모 선생님은 독자들을 음악놀이터에 초대함으로써 음악과 놀이가 한데 어우러진 교육현장의 풍경들을 생생하게 보여줍니다. 삶을 진동시키는 음악교육을 향해 언제나 경쾌하고 힘 있게 발걸음을 내딛는 한승모 선생님의 행보! 그 실천의 과정 속에서 음악놀이에 대한 오랜 경험을 기록하여 꺼내놓은 이 책은 다양한 맥락에서 음악을 가르치고자 하는 교사들의 좋은 길잡이가 될 것입니다.

—— 최은아(서울 신미림초등학교 수석교사)

요한 하위징아(1872~1945)는 호모 루덴스에 대해 설명하면서 "현대인들은 의례와 신성한 놀이에 대한 감각을 잃어버렸다. 하지만 음악적 감성은 여전히 그런 감각을 되살려준다"라고 했습니다. 저도 감정놀이, 평화놀이 등 놀이라 이름 붙인 여러 책을 냈지만, 음악놀이만큼은 저자가 따로 정해져 있다고 믿었습니다. 놀이도 이기고 지는 것보다 순간의 즐거움이 더 큽니다. 음악으로 놀 줄 아는 아이들은 어렵다고 포기하지 않고 성공할 때까지 차근차근 도전하는 모습을 보입니다. 조금 더 잘하고 익숙한 친구들이 어려워하는 친구들을 이끌어줍니다. 놀이도 탁월했지만, 놀이 속에 스며든 선생님의 철학이 빛나서 책 속의 음악놀이가 더욱 보석처럼 빛난다는 생각이 들었습니다.

—— 허승환(꿀잼교육연구소 대표, 서울강일초등학교 교사)

한승모 선생님은 음악을 정말 사랑하는 사람입니다. 음악을 사랑하면서 실력 또한 무척 뛰어납니다. 우리나라 음악교육과 아카펠라 교육에서도 으뜸이라 할 수 있습니다. 무엇보다 한승모 선생님이 하는 음악에는 '아이 사랑'이 가득 차 있습니다. 음악교육 전문가이기 전에 교실에서도 정말 좋은 선생님이지요. 그러니 한승모 선생님이 하는 음악에 학생들이 중심일 수밖에 없습니다. 음악놀이도 음악놀이지만, 이 책에서도 역시 학생들을 먼저 생각하는 한승모 선생님이 많이 보여서 좋았습니다.

—— 이영근(초등참사랑 운영자, 군포 둔대초등학교 교사, 《영근 샘의 글쓰기 수업》 글쓴이)

초등 음악교육에서 '한승모'라는 이름을 빼놓고 이야기하기는 힘듭니다. 그의 머릿속에는 온통 음악과 아이들에 대한 생각뿐이지요. 아무리 먼 거리라도 예술의 향기를 전하는 자리라면 주저하지 않고 달려갑니다. 또한 음악을 통해 아이들과 따뜻한 일상을 나누는 데 자신의 온 힘을 쏟습니다. 이 책에는 오랜 시간, 음악놀이와 아카펠라로 아이들과 만나온 한승모 선생님의 열정 어린 실천이 빼곡합니다. 그래서 1쪽도 허투루 흘려 읽을 수 없지요. 정감 어린 삽화와 친절한 안내를 따라가다 보면, 아름다운 선율로 만들어가는 마법 같은 교실 속으로 자신도 모르게 빠져들 것입니다.

—— 이호재(부산초등노래교육연구회 회장, 부산 명진초등학교 교사)

고등학생 때 뮤지컬 영화 〈쉘부르의 우산〉을 보면서 우리가 평소 말하는 것이 노래하는 것 같다면 얼마나 좋을까 상상했습니다. 대학생 때는 영화 〈홀랜드 오퍼스〉를 보면서 하나의 교향곡 같은 교사의 삶을 꿈꾸었습니다. 교사가 되어 아이들과 다양한 노래를 부르며 행복하게 지내다 지금은 퇴직하고 교사교육을 하고 있습니다.《음악놀이터》를 읽으니 교실에서 아이들과 함께 노래 부르면서 놀던 때가 떠오릅니다. 이 책에서 한승모 선생님은 놀이와 노래의 어원이 똑같이 '놀'이라고 이야기합니다. 기분 좋으면 절로 노래가 나오지요. 이 책을 읽고 따라서 노래하고 놀면서 아바(ABBA)의 곡 〈Thank you for the music〉이 떠올랐습니다. Thank you for the 음악놀이터.

—— 정유진(사람과교육연구소 소장)

음악을 싫어하는 사람이 있을까요? 사람마다 취향은 다를 수 있지만, 모든 사람이 음악을 좋아합니다. 놀이도 마찬가지입니다. 우리는 모두 놀이를 좋아하도록 태어났습니다. 이 책은 놀이로 음악을 즐기도록 도와줍니다. 오랜 시간 아이들과 음악을 통해 자신의 삶을 보여주는 한승모 선생님의 책이라 더욱 기대됩니다. 강력하게 추천합니다.

—— 김차명(참쌤스쿨 대표, 시흥 배곧초등학교 교사)

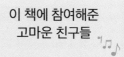

이 책에 참여해준
고마운 친구들

고채영	윤정
김찬	이예서
박채영	이주영
박하음	이준희
방윤아	이하얀
신승용	탁세찬
오진호	

여는 글 ♪♫♪

'음악놀이'로 어떤 책을 쓸까 고민한 지 벌써 2년이 지났습니다. 그동안 여러 선생님을 만나며 내 마음과 음악놀이를 깊이 들여다보았습니다. 교실에서 음악이 어떻게 살아 움직이기를 바라는지, 내가 얼마나 음악을 사랑하고 즐기는지 끊임없이 고민했지요. 또, 어떤 음악활동을 놀이로 할 수 있는지, 덜어내야 할 것과 채워넣을 것을 생각하며 아이들과 다양한 음악놀이 활동을 해봤습니다.

세상의 수많은 음악 중 일부만 '음악놀이'라는 새 그릇에 담아 세상에 꺼내 놓습니다. 음악은 즐거움과 감동을 줄 뿐만 아니라 마음과 생각을 표현하는 방법이기도 합니다. 이처럼 고마운 음악을 놀이라는 좁은 그릇에 넣은 것이 미안하기도 하지만 그래도 이 책으로 음악놀이를 경험한 선생님과 부모님, 아이들은 음악을 더욱더 좋아하게 되리라 생각합니다.

이 책에 담긴 음악놀이들은 어릴 때 내게 음악을 가르쳐준 선생님들과 함께 노래 부르고 연주하던 친구들, 선후배들에게서 받은 것들입니다. 조순이 교수님을 통해 오르프(Carl Orff)를 배울 수 있었고, 조홍기 대표님 덕에 코다이(Zoltán Kodály)를 더욱 깊게 만날 수 있었습니다. 또한 삶과 노래로 만나는 한국아카펠라교육연구회와 끊임없이 더 나은 음악수업을 고민하는 전국초등음악수업연구회에서 생각을 주고받으며 키워나갈 수 있었습니다. 여기 실린 음악놀이들은 나를 만나 그동안 노래, 아카펠라, 음악을 배우며 역으로 내게 배움의 순간을 선물해준 아이들의 것이기도 하지요.

글과 아이디어만 정리된 놀이들에 그림으로 생명을 불어넣어준 박채현, 박지원 선생님에게 정말 고맙습니다. 또한, 넘치는 생각을 고맙게 받아준 친구 같은 에듀니티에게도 감사의 말을 전합니다.

2020년 6월,
글쓴이 한승모

차례

추천사   4

여는 글-글쓴이 한승모   9

일러두기   14

I. 즐거운 음악놀이, 시작!   15

II. 발성   23

1. 동물 호흡 흉내 내기   27

2. 국물 불기, 촛불 끄기   31

3. 한 음 오래 내기   35

4. 한 번에 읽기   39

5. 느리게 부르기   43

6. 웃음소리 따라 내기   47

7. 한숨에 노래 부르기   51

8. 음 쌓기   55

9. 동물 소리 흉내 내기   59

10. 생활 속 다양한 소리 흉내 내기   63

III. 노래   67

1. 이어 부르기   71
2. 침묵 부르기   75
3. 노래 맞히기   79
4. 부분 바꿔 부르기   83
5. 흉내 내서 부르기   87
6. 노래 술래 찾기   91
7. 무궁화 꽃이 피었습니다   95
8. 손뼉치며 노래 부르기   99
9. 손뼉치기 놀이 1   103
10. 손뼉치기 놀이 2   107
11. 한 음 당겨(밀어) 노래 부르기   111

IV. 박자   115

1. 몸으로 박자 만들기   119
2. 리듬 만들기   123
3. 북치기 박치기   127
4. 리듬 묻고 답하기   131
5. 리듬 릴레이 모방   137
6. 리듬 시장에 가면   141
7. 리듬 빙고   145
8. 리듬 바꾸기   149
9. 리듬 프라이팬 놀이 1   153

10. 리듬 프라이팬 놀이 2   159

11. 리듬 아이 엠 그라운드   163

12. 3, 5, 7   167

V. 가락   171

1. 가락선 따라 음 내기   175

2. 음높이 구분하기   179

3. 손 기호 노래   183

4. 손 기호 맞히기   187

5. 몸 계이름   191

6. 손가락 오선   195

7. 음 이어 가락 전달하기   199

8. 계단 계이름   203

9. 가락 시장에 가면   207

10. 가락 빙고   211

VI. 화음   215

1. 계란말이   219

2. 계이름 맞히기   223

3. 손가락 음정   227

4. 음으로 묻고 답하기   231

5. 다른 노래 함께 부르기   235

6. 돌림노래 놀이   239

7. 오스티나토 아카펠라   243

8. 도미솔 친구 만나기   247

9. 빠르기가 다른 <곰 세 마리> 같이 부르기   251

10. 손 따로 노래 따로   255

11. 멜로디에 3화음 만들기   259

부록   263

부록1-악보 모음   264

부록2-음악놀이 분류법   279

부록3-함께하면 좋은 음악놀이들   283

참고문헌   289

맺는 글-그린이 박지원, 박채현   291

일러두기

- 해시태그는 해당 놀이의 주요 키워드를 넣었습니다.

- 대상, 학년, 인원, 시간은 해당 놀이에 적합한 예시 자료입니다. 상황에 따라 바꿔 적용할 수 있습니다.

- 관련 개념(전구 아이콘)은 음악, 미술, 체육, 수학, 과학, 사회, 국어 등 다른 교과와 연계 운영할 경우에도 사용 가능합니다. 교육과정의 성취기준에서 유사한 개념을 참고해, 교육과정을 재구성함으로써 적용할 수 있습니다.

- 각각의 음악놀이로 얻을 수 있는 교육적 효과를 경청, 도전, 배려, 성찰, 자존, 조화, 집중, 창의, 협동 등 9가지로 구분해서 넣었습니다.

- 활동 단계 설명 중 계이름은 형광펜으로 눈에 띄게 표기했습니다.

- 각 놀이의 끝부분에서 QR코드로 예시 또는 관련 영상을 볼 수 있습니다.

- 음악놀이들을 보다 효율적으로 활용할 수 있도록 두 가지 경우의 악보를 부록에 수록했습니다. 첫 번째는 해당 놀이를 악보로 볼 때 이해하기 쉬운 경우이고, 두 번째는 놀이 연습용으로 활용하기 좋은 경우입니다.

Chapter 1

즐거운 음악놀이, 시작! ♪ ♫ ♪

인생 최초의 음악놀이

초등학교 5학년 음악시간에 〈참새〉(작사 정세문, 작곡 미상)라는 동요를 배웠습니다. 오르락내리락하는 가락과 통통 튀는 리듬이 재미있는 곡입니다.

당시 우리 반 선생님께서는 좀더 재미있게 수업해보려는 생각이었는지, 곡의 주요 리듬을 익히는 방법으로 가사 일부를 친숙한 말로 바꾸는 활동을 유도하셨습니다. 첫 번째 마디의 '아침이슬'과 세 번째 마디의 '풀잎사귀' 등 16분음표 4개가 연달아 나오는 곳을 '할아버지'로 모두 통일되게 바꾸고, 8분음표가 2개씩 붙어 있는 '몰래', '촉촉', 내려', '반짝', 비칠' 같은 리듬은 '대추'로 바꿔

부르게끔 말입니다. 4분음표인 '때', '처', '들', '모', '해' 등의 가사는 모두 '밤'으로 바꿔 불렀지요.

〈참새〉 노래를 배우는 동안 할아버지와 대추, 밤을 잔뜩 노래했습니다. 참새가 재잘재잘 새벽을 맞이하는 가사도 예뻤지만, 할아버지와 대추가 동동 떠다니는 모습이 상상되는 가사도 참 재미있었습니다. 이때 무엇보다 '아! 음표를 이렇게 말로 재미있게 배울 수도 있구나'를 어렴풋이 느끼지 않았을까 생각해봅니다. 말과 음악이 연결되고, 놀면서 음악을 배울 수 있다는 것을요.

제게는 이것이 바로 교실 음악놀이의 시작입니다.

동요 〈참새〉

중학교 합창단부터 고등학교 아카펠라 중창단까지

중학교 때는 학교에서 합창단을 시작했습니다. 친구들과 노래방도 가고, 기타를 배우며 노래 부르기도 했습니다. 영어 단어와 수학 공식보다 노래 가사와 가락이 더 잘 외워지던 시절이었습니다. 리듬의 변화, 가락의 움직임, 곡의 형식, 가사의 흐름을 생각하고 느끼며 여러 곡을 익혔습니다. 음악만 가지고 있는 특징들을 잘 살려 음악에 참여하면 할 수 있는 것이 훨씬 많다는 사실과 음악의 고유한 특징을 잘 살리는 음악활동의 의미를 깨우칠 수 있었습니다.

고등학교 때는 학교 아카펠라 중창단에서 노래를 불렀습니다. 성당에서 성가대도 시작하면서 화음을 맞춰 함께 노래 부르는 일이 매우 많아졌습니다. 정해진 악보에 맞춰 다른 사람이 부르는 가락에 여러 형태의 화음을 넣어야 할 때도 있었습니다. 화음의 주요 음을 낮은음으로 노래하는 베이스의 역할, 멜로디에 맞춰 풍성한 음을 표현하는 바리톤의 역할을 하기도 했습니다.

그런데 정해진 악보대로 노래를 불렀음에도 불구하고 화음이 아름답지 않은 경우가 많았습니다. 친구와 내 목소리가 어울리지 않거나, 소리의 크기가 많이 다른 탓이었습니다. 또, 나는 악보의 음을 잘 표현했다고 생각했으나 미세하게 음의 높이가 다른 경우도 있었습니다.

화음을 맞추는 일, 조화로운 음악을 만드는 일에 단순히 내가 기억한 음을 표현하는 것 이상으로 알아야 할 것이 많다는 사실도 깨달았습니다. 이때의 깨달음은 이후 다른 사람과 조화로운 음악을 경험하는 기쁨을 알려주었습니다. 혼자보다 여럿이 함께 음악하는 것이 더 즐겁고, 배움도 깊어진다는 점도 깨우쳤습니다. 서로에게 민감하게 반응하며 음악을 만드는 과정은 참 대단하다고도 느꼈습니다.

천방지축 도레미들과 함께한 새내기 교사 시절

교사가 된 뒤 여러 교과를 가르치며 한계를 느꼈습니다. 그때 내가 좋아하는 음악으로 우리 반 아이들과 수업하면 좋지 않을까 하는 생각이 들었습니다. 쉬는 시간만 되면 친구들과 함께 춤추거나, 노래 부르며 장난치는 모습을 보면 아이들도 음악을 좋아하는 듯 보였으니까요. 정작 음악시간에는 음악을 즐기지 못하는 아이들이 많았지만 말입니다. 어떤 아이들은 음악시간에 소극적이다 못해 입도 벌리지 않았습니다.

"선생님, 저는 음악이 싫어요"

"선생님, 저는 노래 부르기 싫어요"

이렇게 투덜대면서요.

처음에는 고민이 많았습니다. '아이들이 왜 그럴까?', '내가 무엇을 잘못하고 있는 것일까?', '다음에는 어떤 걸 해볼까?' 고민이 꼬리에 꼬리를 물었지만, 답을 찾기는 어려웠습니다.

'이 좋은 음악을 왜 즐기지 못할까? 왜 음악시간에는 즐거운 배움이 일어나지 않을까?'

계속 생각하며 아이들을 만났습니다. 교과서에 있는 제재곡을 바꿔도 보고, 활동 순서나 종류를 달리해보기도 했습니다. 이러한 노력으로 아주 조금씩 아이들이 음악시간에도 음악을 즐기는 모습을 볼 수 있었습니다. 하지만 아이들이나 저나 음악수업에 대한 만족감이 크게 달라지지는 않았습니다. 이에 꾸준히 음악 교수법을 공부하고, 합창단, 아카펠라, 기타 동아리, 관현악반 등에서 여러 방식으로 음악을 지도하면서 어떻게 재미있게 음악으로 아이들을 만날까 고민했습니다.

놀이로 쌓아가는 즐거운 하모니

2015년 개정 교육과정을 살펴보면, 음악과에 포함된 생활화 영역에 '음악과 놀이'라는 새로운 성취기준이 눈에 띕니다. 음악을 일상생활 속에서 더 활용하고 즐기도록 만들겠다는 의도일 것입니다. 생활화의 중요한 한 영역인 놀이가 음악의 체득과 활용에 매우 유용하기도 하고요.

음악과 놀이는 사실 아주 밀접한 관계가 있습니다. 놀이랑 노래의 어원이 모두 '놀'에서 분화되었다고 하니까요. 생각해보면 '노래'도 '놀이'도 이기고 지는 것보다 '순간의 즐거움'이 더 큽니다. 승부가 중요하다면 그때부터는 놀이가 아니라 경쟁이겠지요.

아이들은 놀이를 좋아하지만, 경쟁은 좋아하지 않습니다. 놀이가 경쟁이 되는 순간, 어떤 아이들은 '재미없다'고 느끼고 활동을 그만둡니다. 많은 아이에게 '공부'는 경쟁만큼 재미없는 것입니다. 그런데 아이들은 〈음악〉 교과목을 〈수학〉, 〈영어〉와 달리 '공부하지 않아도 되는 과목'처럼 생각하는 듯 보였습니다. 그런 아이들에게 음악이 '교과목'이기 전에 '재미있는 놀이'라는 사실을 먼저 깨우쳐주기 위해 여러 놀이를 음악에 접목하고, 교실에 적용해봤습니다. 그러자 확실히 아이들이 음악시간을 더 즐기고, 참여도 높아졌습니다. 음악에 적극적으로 관심을 보이는 아이들도 생겨났고요.

이 와중에 깨달은 답은 결국 '마음을 움직이는, 아이들 중심의 활동'이 필요하다는 사실이었습니다. 좋은 노래와 엄선된 활동이 있다 하더라도, 아이들이 자발적이지 않거나 마음가짐이 긍정적이지 않으면 활동할 때 만족도가 높지 않았습니다. 하지만 아이들의 말과 생각을 활용해 음악놀이 활동을 할 때면 매우 즐거워했습니다. 그런 활동을 친구들과 함께하면 더할 나위 없이 좋아하고요.

여전히 노래 또는 음악 자체가 아예 싫다는 아이들도 있었지만, 아이들에게 싫은 소리를 전혀 하지 않았습니다. 마음이 불편할 때는 음악이 즐거울 수 없고,

즐겁지 않다면 음악을 제대로 배울 수 없을 테니까요.

"그래, 오늘은 편하게 함께 듣기만 해도 좋아요. 혹시 하고 싶으면 작게 따라 해줘도 좋고! 싫은데 혼자 하라고 하지 않을게. 부끄럽거나 다른 이유가 있어서 하고 싶지 않은 친구가 있으면 이야기해요."

모든 아이가 언젠가 음악놀이를 좋아하게 되리라는 믿음의 기다림 끝에 음악이 싫다던 친구들도 어느덧 적극적으로 참여하게 됐습니다. 모둠 친구들의 적극적인 분위기, 못해도 지적당하지 않는 편안함, 원하면 언제든 조금이라도 참여할 수 있다는 존중의 태도도 무시할 수 없는 요소였을 것입니다.

세상은 넓고, 음악놀이는 많다!

"난 계란말이 할게, 너는 김칫국 해."
"오! 좋은데? 둘이 같이해보자!"

아이들과 함께 음악놀이를 시작한 후, 쉬는 시간에 아이들이 끼리끼리 음악놀이하는 모습을 볼 수 있습니다. 수업 시간에 함께할 때도 참 좋지만, 아이들끼리 음악놀이 하는 모습을 볼 때는 정말 행복하고 뿌듯합니다.

사실 이 책에 실린 것 말고도, 음악놀이는 세상에 이미 많이 존재합니다. 스마트폰 앱 중에 그래픽 신호에 맞춰 건반을 누르거나 소리 및 시각 신호에 맞게 자판을 누르는 게임도 음악놀이입니다. 음악과 신호에 맞춰 발로 지정된 발판을 밟는 오락실 게임도 음악놀이라고 할 수 있지요. TV 예능 프로그램에서 종종 볼 수 있는, 연예인들이 전주만 듣고 제목을 맞히는 퀴즈도 음악놀이입니다. 가사와 가락을 섞어서 부르는 걸 듣고 각각 제목을 맞히는 것도 음악놀이고요.

우리 조상들도 놀이하면서 음악을 많이 사용했습니다. 손, 발, 다리를 모두 써서 친구와 함께 뛰어노는 고무줄놀이, 노래 부르며 하는 두꺼비 집짓기 놀이,

손을 마주치는 놀이 등등. 마을 사람들이 함께 부르고 뛰어놀던 강강술래 같은 전래동요와 놀이가 있습니다. 또, 골목에서 함께 뛰어놀 친구들을 모으는 노래도 있습니다.

몸도 마음도 쑥쑥 자라나는 우리 반 아이들

음악놀이를 처음 접해보고, 어렵다며 싫어하던 아이들도 친구들과 함께하면서 음악으로 즐겁게 놀이할 수 있음을 깨달아갔습니다. 어렵다고 바로 포기하던 아이들이 성공할 때까지 차근차근 도전하는 모습을 보여줬습니다. 조금 더 잘하고 익숙한 친구들이 어려워하는 친구들을 이끌어줬습니다. 배움과 표현이 빠른 친구들이 느린 친구들을 기다려주고, 느린 친구들의 속도에 맞춰서 놀이하기도 했습니다. 음악적 소양이 깊어진 것에 더해 교실에서의 태도마저 달라진 셈입니다.

음악으로 '놀 줄' 아는 아이들은 적극적일 뿐만 아니라 긍정적이고, 사회성이 높으면서 배려도 잘했습니다. 과정의 즐거움을 알 뿐만 아니라 자기 일에 최선을 다하고, 어려운 친구들을 살필 줄도 알았습니다. 돌이켜보면, 저 역시 음악놀이를 통해 이런 태도를 배우지 않았나 싶습니다. 이러한 태도를 내게 선물해준 것이 음악뿐만은 아니겠지만, 음악이 무시할 수 없을 만큼 커다란 영향을 준 것도 사실입니다.

지금 우리 반에서는 모두가 행복한 음악수업이 이루어집니다. 아주 쉬운 활동으로 친구와 함께 몸을 움직이며 놀고, 노래합니다. 놀면서 박과 음정에 대해 알게 되고 자기 표현을 들여다보며 자연스럽게 자기를 깊게 살핍니다. 화음을 만들고 친구와 나의 목소리를 맞춰가면서 조화롭게 함께 살아가는 방법을 배웁니다. 이렇게 즐겁게 참여하는 음악놀이로 나와 아이들 모두가 자라나고 있습니다.

Chapter 2
발성

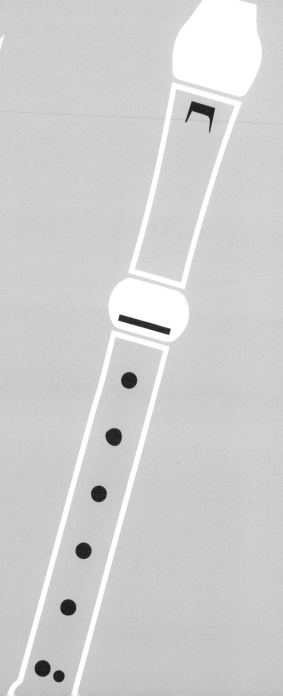

우리가 음악을 접하는 가장 쉬운 방법은 무엇일까요? 바로 노래입니다. 언제 어디서나, 어떤 도구나 악기 없이도 노래는 할 수 있기 때문입니다. 고로, 노래는 우리가 가장 쉽고 편하게 음악을 즐기는 방법이기도 하지요. 그런데 우리는 어떤 원리로 노래를 부를 수 있는 것일까요?

사람 목소리에서 '음'은 성대의 진동으로 만들어집니다. 즉, 우리가 노래를 잘 부르려면 올바로 숨 쉬는 법부터 알아야 합니다. 음악에서는 소리가 만들어지는 전반적인 과정을 '발성'이라고 하는데, 호흡 조절은 발성이 필수입니다. 그러므로 올바른 발성을 위해서는 들숨과 날숨에 대한 이해가 필요합니다.

숨을 들이쉬면 갈비뼈가 위로 들리면서 폐는 부풀어 오르지만 횡격막은 아래로 오목하게 내려가면서 가슴 쪽에 공간이 만들어집니다. 이때 우리 몸의 가슴과 배 사이 위치한, 가로로 된 횡격막이 배의 장기들을 살짝 아래로 밀면서 배가 앞이나 옆으로 나오게 되지요. 반대로 숨을 내쉴 때 횡격막은 위로 불룩하게 올라가고, 갈비뼈는 내려오며 폐의 숨이 목의 기도, 성대, 입을 통해 밖으로 나옵니다. 이때 공기가 천천히 나오거나 빨리 나오느냐에 따라 성대의 진동이 달라지고, 진동에 따라 음높이가 달라집니다.

성대는 얇은 근육 2개가 마주 보고 있으며 알파벳 V 자와 비슷한 모양입니다. 성대에서 만들어진 음은 목 주변과 가슴뼈, 입천장 안쪽의 공간, 코 뒤의 공간, 머리의 뼈 등을 울리며 다양한 음색을 만들어냅니다. 마치 기타 줄을 튕길 때 기타 몸통의 빈 공간이 울리며 소리가 나는 것과 같습니다. 그리고 혀, 이, 입술이

발음을 만듭니다. 이 같은 일련의 과정이 모두 발성입니다.

　호흡은 발성의 맨 처음 과정입니다. 위 설명처럼 숨을 활용해 노래하려면 숨을 충분히 깊게 들이쉬고, 폐에 숨을 많이 보관함으로써 노래에 필요한 숨을 원하는 대로 조절해야 합니다. 호흡 조절이 가능하다면 노래 부를 때 다양한 표현이 가능해지지요. 소리의 크기 조절뿐만 아니라, 노래를 원하는 길이만큼 부를 수도 있습니다. 서서히 소리가 커지거나 작아지는 표현도 쉬워지며, 조금 더 복잡한 몸의 기관을 사용해야 하는 높은음이나 낮은음도 원할 때 편하게 소리낼 수 있습니다.

　발성과 호흡은 노래를 부를 때 꼭 필요합니다. 지금부터 함께할 놀이는 노래 부를 때 쓰이는 들숨과 날숨을 활용하고, 날숨에 소리를 얹어 음을 만들어보는 놀이입니다. 숨의 양을 조절하거나 단번에 노래를 빨리 불러보면서, 깊고 짧은 숨을 쉬어봅시다. 숨과 소리의 울림과 그 특징을 관찰할 수 있습니다.

　발성놀이를 제대로 익히면 소리 종류를 구별하고, 음높이를 조절하고, 날숨에 음을 얹고, 다양한 호흡 활용까지 가능해집니다. 단순한 놀이지만 꾸준히 하다 보면, 뒤에 나올 다양한 음악놀이에 도움이 될 것입니다.

1. 동물 호흡 흉내 내기

#개호흡 #고양이호흡 #숨조절

 1~4학년   1명~다수   5~10분   동물 흉내, 모방

성찰, 집중

 동물들의 호흡 방법을 따라 하며 노래하기 좋은 호흡은 무엇인지 알아봐요!

활동 단계

1 동물들은 어떻게 숨 쉴까요? 각자 관찰한 동물들의 호흡 방식에 대해 이야기해 봅시다.

2 개는 숨 쉴 때 코에 더해 입까지 사용해요. 개처럼 혀를 내밀고 숨 쉬어봐요!

3 개는 숨 쉴 때 배가 눈에 띌 만큼 불룩해졌다 홀쭉해져요.

4 개 호흡으로 숨 쉴 때는 어깨가 들썩거리면 안 돼요!

5 고양이는 아무도 모르게 쌔근쌔근 숨 쉬 어요.

6 옆 친구도 모르게 숨 쉬어볼까요?

선생님의 조언

■ 흉내 내기 부끄러워하는 친구들을 위해 교사가 먼저 시범을 보이면 좋습니다.

■ 숨 쉬는 모습에 대한 영상을 검색해 보여주면 더 쉽게 따라 할 수 있습니다.

■ 서서도 해보고, 앉아서도 해봅니다.

■ 금방 목이 마릅니다. 물 마시면서 하면 더 좋아요.

■ 동물의 호흡을 따라 하면서 깊은 호흡과 잔잔한 호흡을 경험할 수 있습니다. 개가 숨 쉴 때처럼 몸의 여러 기관을 사용하려면 몸을 자꾸 움직여봐야 합니다. 배가 나왔다 들 어가는 것이 보일 정도가 되려면 아주 많이 의도적으로 배로 움직여봐야 합니다. 고양 이처럼 호흡하려면 미동도 없이 잔잔하게 숨 쉼으로써 내 몸의 움직임을 잘 절제해야 합니다.

수업 효과

■ 호흡은 노래와 음악의 시작이자 끝입니다. 깊게 호흡할 수 있으면 노래와 연주도 더 잘 할 수 있습니다.

■ 여러 호흡 방법을 배움으로써 내 몸을 스스로 조절할 수 있습니다. 감각에 집중하면서 여러 신체 기관을 조절해봅시다.

찰칵! 놀이 속으로

 개가 호흡하는 모습을 참고해서 소리를 흉내 내봅시다.

 거의 들리지 않을 만큼 작은 고양이 소리를 들어보세요.

2. 국물 불기, 촛불 끄기

#날숨 #호흡

☆ 1~4학년   👤 1명~다수   🕐 5~10분   💡 상상, 흉내

성찰, 집중

 국물을 식히거나 촛불을 끌 때처럼 숨을 내쉬며 호흡을 느껴봐요!

🎺 활동 단계

1 손바닥을 입 앞에 두고 "후" 내뱉으면서 손바닥에 닿는 숨을 느껴봐요.

2 뜨거운 국이 앞에 있다 생각하고 "후" 숨을 내뱉어요.

3 금방 식지 않는다 생각하고! 이번에는 몇 초 동안 할 수 있는지 확인해봐요.

4 생일 케이크와 촛불이 앞에 있다 생각하고 "후" 숨을 내뱉어요.

5 한 번에 꺼지지 않네요! 최소 3번 이상 크게 숨을 내뱉어봐요.

6 조금씩 시간, 또는 횟수를 늘려봅시다.

선생님의 조언

■ "후" 하고 날숨을 손으로 느껴본 다음, 손 대신 휴지를 앞에 들고 숨을 내쉬면서 비교해 보면 좋습니다.

■ 숨을 크게 내쉬지 못하는 학생들의 경우, 풍선 불기가 도움이 됩니다.

■ 손을 얹고 배의 움직임을 느껴봅니다.

■ 몸의 움직임을 자연스럽게 느껴봅니다. 어깨가 너무 들썩이면 안 돼요.

수업 효과

■ 호흡을 한꺼번에 많이 내쉬려면 먼저 숨을 가득 들이쉬어야 합니다. 폐활량을 늘리는 데 도움이 됩니다.

■ 호흡을 깊게 들이쉬고, 한꺼번에 내쉬면서 배와 횡격막의 움직임을 느껴봅시다. 호흡 시 내 몸의 변화를 천천히 느끼려 애쓰다 보면 집중할 수 있습니다.

■ 숨을 여러 번 또는 길게 내뱉기 위해 몸을 스스로 조절하면서 자기 자신을 조절하는 경험도 할 수 있습니다.

찰칵! 놀이 속으로

발
성

 길게 숨 쉬는 다른 활동을 참고하세요.

3. 한 음 오래 내기

#가늘고길게 #오래소리내기 #한음 #호흡

2~5학년   1명~다수   5~10분   소리 만들기, 집중

도전, 성찰, 집중

 한 음을 오래 소리내면서 날숨이 음으로 변하는 것을 느껴봐요!

활동 단계

1 숨을 크게 들이쉰 다음, 5초간 "후" 내뱉 어봅시다.

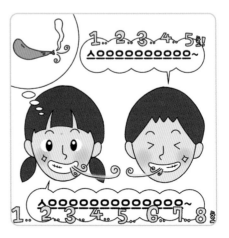

2 이번에는 5초간 바람이 빠지는 듯한 "스" 소리로 숨을 내뱉어봅시다. 가능하 면 8초간 발사!

3 이제 모기가 날아다니는 듯 "즈" 소리를 5초간 내볼까요?

4 호흡에 음을 얹는다고 생각해봐요.

5 마지막으로 그 느낌을 그대로 기억한 채 한 음으로 "우" 소리를 길게 내봅시다.

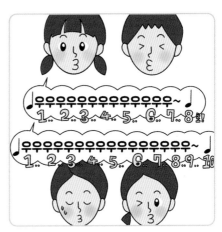

6 8초! 10초! 도전!

선생님의 조언

■ 앞의 국물 불기, 촛불 끄기와 연결하면 더 쉽고 효과적입니다.

■ 숨을 충분히 많이 들이쉬고 내뱉습니다.

■ "우" 소리내기가 어려운 친구들은 음 없이 "스" 소리에 조금씩 음을 섞어봅니다.

■ 숨을 내쉬다가 잠시 멈추고, 다시 내쉬는 것도 좋습니다. 이때 배의 긴장을 느껴봅니다.

■ 배가 살짝 퉁기는 것을 느끼며 스타카토로 짧게도 소리내보세요.

수업 효과

■ 사람이 목소리를 내는 원리는 무엇일까요? 폐에서 나온 호흡이 성대를 거쳐 음이 되고, 신체의 공명 기관에서 생긴 울림이 밖으로 나오는 것이 목소리입니다. 이 활동으로 호흡이 성대를 거쳐 음이 되는 과정을 몸으로 느낄 수 있습니다.

■ 노래를 잘하려면 자기 자신을 잘 관찰하고 조절할 수 있어야 합니다. 날숨에 음을 입혀 내쉬는 과정을 몸으로 느끼는 과정에서도 변화를 잘 느껴야 하므로 내 몸의 움직임과 변화를 조금씩 깊이 관찰할 수 있습니다.

찰칵! 놀이 속으로

 숨에 소리를 얹어봅니다. 숨을 오래 내뱉고, 한 음을 오래 내뱉을 수 있다면 노래를 즐겁게 부르는 데 도움이 됩니다.

4. 한 번에 읽기

#날숨조절 #단번에읽기 #한호흡

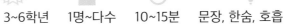

3~6학년   1명~다수   10~15분   문장, 한숨, 호흡

도전, 성찰, 집중

놀이
설명

몇 개의 문장을 단번에 읽어봅시다. 단번에 읽을 수 있는 문장 개수를 세어봅시다!

활동 단계

1 "안녕하세요. 즐거운 음악놀이 함께해요"를 읽어봅시다.

2 이번에는 크게 숨을 들이쉬고 한숨에 문장을 읽어봅시다.

3 몇 번까지 할 수 있을까요? 한숨에 얼마나 말할 수 있는지 세어봅시다.

4 다른 문장으로도 해보세요.

5 음을 하나 정하고, 그 음을 넣어 읽어봅니다.

6 손가락을 한 방향으로 움직이면서 길게 읽어봅시다.

선생님의 조언

- 숨이 부족할 수 있습니다. 숨을 충분히 크게 들이쉬고 시작합니다.
- 빨리 읽으려고만 하면 발음이 정확하지 않을 수 있습니다. 또박또박 읽으려 노력합니다.
- 음이 많이 흔들리는 친구들은 손가락을 앞으로 천천히 움직이면서 말해봅시다. 음이 흔들리지 않고 길게 연결될 수 있습니다.
- 음을 2, 3개 정해서 단어별로 음높이를 다르게 읽어보세요. 음의 높낮이를 구분하는 활동이 됩니다.

수업 효과

- 숨을 내쉬면서 말하는 쉬운 활동이지만, 노래를 잘 부르기 위해 필요한 '호흡과 성대, 입의 움직임을 느끼고 조절하는 힘'을 키웁니다.
- 친구들이 읽는 문장이나 말을 들으며 서로 격려하고 존중하는 태도를 기릅니다.

📷 찰칵! 놀이 속으로

 숨을 크게 쉬고, 목에 무리 가지 않도록 응용 방법을
참고해보세요.

5. 느리게 부르기

#긴호흡 #천천히

☆ 4~6학년   👤 1명~다수   🕐 10~15분   💡 배수 이해, 빠르기 구분

도전, 성찰, 집중

 한 글자씩 길게 노래를 부릅니다. 한 박자를 두 박자로, 두 박자를 네 박자로 늘려 노래하면서 긴 호흡에 도전합니다.

🎺 활동 단계

1 <학교 종> 노래를 불러봅니다.

2 노래를 2배로 느리게 불러봅니다. 어떻게 해야 할까요?

3 '학~ 교~ 종~ 이~' 이렇게 한 글자의 길이를 2배로 길게 해봅니다.

4 4분음표를 2분음표로 바꾸고, 2분음표는 온음표로 바꿔서 부릅니다.

5 숨은 최대한 길게! 가급적 두 마디 이상 참아봐요~!

6 다른 노래로도 도전!

선생님의 조언

■ 음이 흔들릴 수 있습니다. 크게 부르려 하지 말고 음에 신경 쓰며 작은 소리로 노래합니다. 그래도 음이 흔들릴 경우, 높낮이 변화에 맞춰 손을 움직이며 노래해봅시다.

■ 한 글자 길이를 3배로 늘려 도전!

수업 효과

■ 날숨에 소리를 얹는 것에서 한 단계 더 나아가, 음을 표현하는 활동입니다. 음의 움직임을 생각하면서 자신의 호흡을 조절해봅니다. 가락의 움직임에 따라 호흡의 쓰임이 달라집니다.

■ 한 음씩 천천히, 충실하게 소리내면 음을 더 잘 느낄 수 있습니다.

■ 원래 박자보다 길게 노래하려면 숨을 많이 내쉬고 많이 들이쉬어야 합니다. 숨을 충분히, 다 꺼낸다 생각하고 내쉬어야 많이 들이쉴 수 있습니니다.

찰칵! 놀이 속으로

천천히 노래하지만, 숨 쉬는 곳은 같아요!

6. 웃음소리 따라 내기

#복식호흡 #호흡느끼기

1~4학년   1명~다수   5~10분   관찰, 흉내

경청, 집중, 창의

 대상을 정해 웃음소리를 따라 하면서, 호흡을 느낍니다.

🎺 활동 단계

1 여러 웃음소리에 대해 이야기를 나눕니다.

2 기분 좋은 "하하하" 웃음소리를 따라 해 보고, 배의 움직임을 느껴봅니다.

3 웃을 때 배가 튕기는 것을 느꼈나요?

4 이번에는 산타할아버지처럼 크고 우렁 차게 "허허허" 웃어봐요.

5 아기처럼 "까르르" 웃어볼까요?

6 할머니처럼 "호호호" 웃어볼 수도 있습니다. 다른 웃음소리는 또 무엇이 있는지 알아보고, 따라 웃어봅시다!

선생님의 조언

- 목에 무리가 갈 수 있으니 일부러 큰 소리를 내려 노력하지 않습니다.
- 웃음이 익숙해지면 배에 손을 얹어 느껴봅시다. 배의 튕김을 충분히 느끼고, 의도적으로 똑같이 배를 튕길 수 있는지 연습해봅니다.
- 스타카토, 레가토 등 여러 표현을 위해 배의 긴장을 조절할 수 있으면 매우 좋습니다.

수업 효과

- 숨을 많이 들이쉬고, 그 숨을 보관한 뒤 노래할 수 있으면 표현이 좀 더 쉬워집니다. 이렇게 숨 쉬는 것을 복식호흡이라고 합니다. 이 활동으로 아이들이 자연스럽게 복식호흡하는 법을 익힐 수 있습니다.
- 모방은 아주 좋은 노래 연습 방법입니다. 가수들도 실력이 뛰어난 다른 가수의 노래를 따라 부르며 연습합니다. 웃음소리 흉내 내기는 아주 쉽게 얼굴 표정, 성대의 움직임, 호흡, 몸짓을 모두 따라 하는 좋은 경험을 제공합니다.

찰칵! 놀이 속으로

 어린이들과 함께 해본 '웃음소리 따라 내기' 영상입니다.

 아이돌 가수들의 '웃음소리 따라 내기' 영상입니다.

7. 한숨에 노래 부르기

긴호흡#긴호흡

3~6학년   1명~다수   10~15분   숨 조절

도전, 자존, 집중

 노래 한 곡을 정해서 처음부터 끝까지 단번에 불러볼까요?

🎺 활동 단계

1 <학교 종>처럼 짧은 노래 한 곡을 정해 원래 빠르기로 노래를 부르면서 어디서 숨 쉬는지 확인합니다.

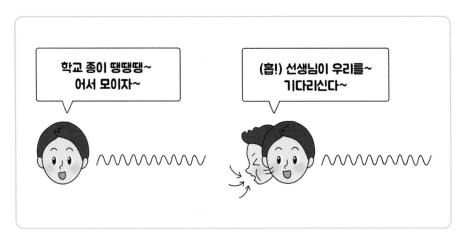

2 다시 한 번 노래하면서 내쉬었던 부분에서 숨을 참고 가능한 한 길게 불러봅시다.

 더 긴 노래로 도전!

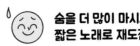 숨을 더 많이 마시고, 짧은 노래로 재도전!

3 조금 속도를 빨리해서 처음부터 끝까지 한숨에 불러봅니다.

선생님의 조언

- 혼자 하는 것보다 여럿이 함께 하는 게 더 재미있습니다.
- 노래의 박자와 리듬이 이상해지지 않도록 음표의 길이를 잘 지킵니다.
- 교사나 다른 친구들이 박자를 세어주면 더 정확하고 효율적으로 놀이할 수 있습니다.
- 하나의 노래를 한숨에 2번 이상 불러보기 도전!

수업 효과

- 노래에 맞춰 호흡을 조절하는 훈련입니다. 숨 쉴 곳을 스스로 조절하면 노래할 때 음악적으로 훨씬 풍부한 표현이 가능합니다.
- 얼마만큼 숨을 들이쉬는지, 노래 부를 때 얼마나 빠르게 부를 수 있는지 등으로 내 몸을 느끼고 조절할 수 있습니다.
- 호흡이 부족하더라도 박자와 리듬을 지키려 노력하다 보면 노래 실력이 부쩍 자라납니다.

찰칵! 놀이 속으로

 노래를 한숨에 여러 번 불러봅시다.

8. 음 쌓기

#긴호흡

4~6학년   1명~다수   5~10분   단음계, 장음계

경청, 도전, 집중

 순서를 정하고 1명씩 위로 아래로 음을 쌓으며 소리를 냅니다.

🎺 활동 단계

1 순서를 정하고, 1명이 먼저 자신이 내고 싶은 높이의 **도** 음을 냅니다.

2 다음 사람은 위로 한 음 올라간 레 소리를 냅니다.

3 그다음 사람은 다시 위로 한 음 올린 **미**를 냅니다.

4 자기 순서에 음을 잘 내면 성공!

5 아래로 내려가도 됩니다! 이때는 가장 낮은 음을 내도록 해야겠죠?

6 이 활동은 목에 무리 가기가 쉽습니다! 무리하지 않도록 합니다!

선생님의 조언

■ 정확한 음을 모른다면 악기로 한 음씩 확인해봅시다.

■ 고음을 내려고 목에 무리가 갈 정도로 크게 소리내서는 안 됩니다. 모든 활동은 목에 무리가 가지 않을 정도로만 해야 합니다.

■ 자연스럽게 진성과 가성을 쓰는 방법을 익힐 수 있습니다. 가슴과 목의 울림을 위주로 소리낼 수도 있고, 얼굴과 머리의 공명 기관을 쓰는 두성으로 소리낼 수도 있습니다.

■ 음계에 익숙하지 않은 친구들에게는 "도레미파솔라시도"도 어려울 수 있습니다. 음을 잘 떠올리고 준비해서 차분하게 소리낼 수 있도록 도와줍시다.

수업 효과

■ 여러 방법으로 자연스럽게 소리내면서 어떤 음에 어떤 방법으로 소리내는 게 가장 좋은지 경험할 수 있습니다.

■ 시작 음을 "도"로 정했으므로 차례로 소리내면서 음계를 익힐 수 있습니다.

찰칵! 놀이 속으로

발
성

 1명씩 더 높은 음을 내봅시다. 목이 아프지 않게 주의해요.

9. 동물 소리 흉내 내기

#동물농장 #사자 #소 #코끼리

 3~5학년　1명~다수　10~15분　관찰과 표현, 동물 이해

성찰, 집중, 창의

 동물들의 특징을 알아보고, 특별한 상황을 상상해서 여러 동물의 소리를 흉내 내봅시다.

![트럼펫 아이콘] **활동 단계**

1 동물들의 특징과 처한 상황들을 상상해 봅시다.

2 보름달이 뜬 밤 외로운 늑대, 포효하는 사자?

3 장난치는 원숭이, 풀밭의 소!

4 여러 동물의 모습을 생각하며 소리를 흉내 내 봅시다.

5 돌아가면서 1명씩 소리내고 재미있는 소리는 더 따라 해봅시다.

6 새로운 동물의 소리를 찾아보고, 소리도 내봐요.

선생님의 조언

■ 표정과 몸짓을 함께 하면 더 비슷한 소리를 낼 수 있습니다.

■ 끼 있고 흉내 내기 좋아하는 친구들이 먼저 소리내게 함으로써 다른 친구들도 쉽게 따라 하도록 만들 수 있습니다.

■ 친구들의 활동을 보면서 어떻게 소리내는지 잘 관찰합니다. 친구의 모습을 보면서 웃거나 장난치지 않고 진지하게 참여하도록 유도합니다.

수업 효과

■ 노래를 잘 부르려면 여러 발성과 공명에 대한 이해가 꼭 필요합니다. 이렇게 동물 소리를 흉내 내는 활동은 호흡이 지나 소리가 만들어지는 흐름을 생각해보고, 입안과 코 주변 등 얼굴의 울림을 느끼기 좋습니다.

■ 활동하면서 어디에 울림이 있는지, 소리가 어디에서 나오는 것 같은지, 어떻게 소리를 만들었는지 등을 이야기해봅시다. 자연스럽게 발성에 대해 생각하게 됨으로써 소리내는 방법이나 공명 위치를 기억할 수 있습니다.

■ 자기 소리의 울림을 느끼며 공명과 호흡을 관리하는 힘을 기를 수 있습니다.

찰칵! 놀이 속으로

발
성

 영상을 보면서 표정과 소리를 잘 관찰해봅시다.

62   다 함께 놀자, 음악놀이터

10. 생활 속 다양한 소리 흉내 내기

#구급차 #사이렌 #비행기 #청소기

3~5학년   1명~다수   10~15분   관찰과 표현, 다양한 소리,
생활 주변 소리 이해

경청, 성찰, 집중

 놀이 설명   생활 속 다양한 소리를 흉내 내봅시다.

🎺 활동 단계

1 생활 속 다양한 소리가 나는 장면을 이야기해봅시다.

2 탈것들을 떠올려봅시다. 기차, 비행기, 오토바이, 구급차!

3 생활 도구를 떠올려봅시다. 청소기, 전화기, 물 끓는 소리까지.

4 떠올린 장면을 생각하며 목소리로 흉내 내봅시다.

5 돌아가면서 1명씩 소리내고 재미있는 소리는 더 따라 해봅시다.

6 새로운 소리를 찾아 소리내봐요.

선생님의 조언

■ 장면에 어울리는 몸짓을 함께하면 더 비슷하게 소리낼 수 있습니다.

■ 관련 영상이나 소리를 찾아 들어보고 흉내 내면 조금 더 쉽게 흉내 낼 수 있습니다.

■ 소리의 크기나 길이에 대해서도 이야기해봅시다. 같은 발성과 공명으로 소리내더라도 길이와 크기의 변화에 따라 다른 소리처럼 들릴 수 있습니다.

수업 효과

■ 여러 울림과 소리의 특징을 관찰하고 모방하는 활동으로 소리에 대한 거부감을 없애고, 음감도 좋아질 수 있습니다.

■ 흉내 내면서 소리에 대한 두려움을 없앨 수 있을 뿐만 아니라, 음감도 좋아집니다. 고로, 노래에 대한 자신감을 키울 수 있습니다.

찰칵! 놀이 속으로

 영상을 보면서 표정과 소리를 잘 관찰해봅시다.

Chapter 3
노래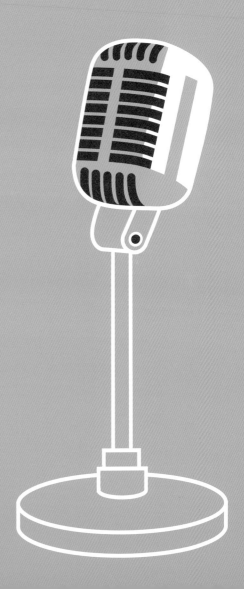

앞에서도 이야기했듯이, 음악의 여러 표현 방법 중 사람들이 가장 쉽게 즐기는 수단은 단연 노래일 것입니다. 우리는 그때그때의 감정과 생각을 가사와 멜로디로 사람들에게 전할 수 있을 뿐만 아니라 분위기를 돋울 수도 있습니다. 생각해보세요. 다 함께 노래하면 더욱더 흥이 나고, 분위기에 쉽게 빠져들 수 있지 않나요?

노래 부르기는 신나기만 하는 것이 아닙니다. 음악적 역량을 높이는 데도 도움이 됩니다. 노래 안에는 박자, 리듬, 음, 가락의 움직임 등 다양한 음악적 요소가 녹아 있으니까요. 적극적으로 노래하다 보면 자연스럽게 음악적 역량이 키워진다고 할 수 있겠습니다. 이 중에서도 호흡과 발성은 음악적 역량 키우기에 매우 큰 역할을 합니다. 숨을 깊게 들이쉰 다음, 그 숨에 음색을 얹고 공명을 해서 발음을 얹어야 노래를 부를 수 있기 때문입니다.

즉, 노래를 부르기 위해 가장 기초적이고 필요한 능력이 바로 좋은 호흡이고, 만들어진 음을 아름답게 밖으로 표현하는 과정이 공명을 포함한 발성인 셈입니다. 그러므로 호흡과 발성이 잘될수록 노래를 잘 부를 수 있습니다. 더불어 좋은 자세로 집중해서 노래하다 보면 자연스럽게 호흡과 발성도 좋아집니다.

이 책에서는 크게 세 가지 형태로 노래 관련 놀이를 제시합니다. 첫째, 잘 듣고 상상하는 놀이입니다. 노래를 잘 듣고 이어 부르거나 마음속으로 흥얼거리는 놀이입니다. 직접 노래하기보다 듣는 시간이 훨씬 중요한 놀이입니다. 둘째, 노랫말을 바꾸거나 일정한 대상을 흉내 내면서 소리의 변화를 느끼는 놀이입니다. 마지막은 노래와 함께 동작을 취하는 놀이입니다. 노래하면서 함께 생각하고 움직이는 놀이지요. 이런저런 동작을 취하면서 노래에 담긴 리듬과 가락을 느낄 수 있습니다.

지금부터 제시될 노래놀이에는 모두 단계와 위계가 있습니다. 노래놀이를 재미있게 잘하려면 앞 순서의 놀이부터 천천히 하나씩 해나가는 것이 좋습니다. 지금부터 함께할 음악놀이를 충분히 경험하면 음색, 신체 움직임 등 노래 부를 때의 여러 가지 표현이 풍부해질 것입니다.

1. 이어 부르기

#규칙적 #불규칙적 #주고받기

 3~6학년　　 2명~다수　　🕐 5~15분　　💡 규칙과 불규칙, 기억과 상상

경청, 집중

 한 곡의 노래를 여럿이 주고받거나 릴레이처럼 이어 불러요.

![활동 단계]

노래

1 <작은 별>처럼 짧은 노래를 하나 정해서 함께 불러봅니다.

2 선생님과 학생이 두 마디씩 주고받습니다.

3 모둠을 둘로 나눠 선생님, 학생 1모둠, 학생 2모둠이 이어서 부릅니다.

4 모둠을 3, 4모둠으로 나눈 다음 학생들 끼리 순서를 정해 이어 부르도록 합니다.

5 순서를 따로 정하지 않고, 선생님의 신호에 따라 한두 마디씩 이어서 부릅니다.

6 박이나 마디의 길이를 정하지 않고, 선생님의 신호에 따라 이어 부릅니다.

선생님의 조언

■ 첫 곡은 이미 외운 노래로 해봅시다.

■ 잘 모르는 노래는 악보를 보면서 노래합시다.

■ 새로운 노래를 배울 때, 가사 외우기에 활용할 수 있습니다. 노래를 2, 3번 들려주고 난 다음 악보를 주고 한두 마디씩 따라 부르게 합니다. 그 후 '주고받으며 부르기'나 '이어 부르기'를 하며 기다릴 때만 악보를 볼 수 있게끔 하면 학생들이 노래를 재미있고 쉽게 외울 수 있습니다.

수업 효과

■ 노래를 정확하게 이어 부르려면 머릿속으로 계속 부르고 있어야 합니다. 이것을 '내청 능력'이라고 하는데, 내청 능력은 음악적 상상력을 키우는 밑바탕입니다.

■ 가락과 가사 기억력이 좋아집니다.

■ 귀와 눈을 활짝 열어야 소리를 잘 듣고 기억할 수 있기 때문에 집중력이 좋아집니다.

찰칵! 놀이 속으로

 마음속으로 같이 노래하는 것이 중요해요.

2. 침묵 부르기

#부분정하기 #신호따르기

3~4학년   2명~다수   5~15분   규칙과 불규칙, 기억과 상상

경청, 집중

 놀이 설명   활동 전에 미리 약속한 대로, 또는 교사의 신호에 맞춰 침묵으로 노래합니다.

♩ 활동 단계

노래

1 노래 하나를 정해서 함께 불러봅니다.

2 "작은 별", "에서도"를 불러야 할 때 침묵합시다.

3 짝수 마디에서 침묵합니다.

4 선생님이 손가락으로 "쉿" 신호하면 침묵합니다.

5 신호가 없어지면 다시 소리내서 불러봐요!

6 친구의 "쉿" 신호에 맞춰 노래해봅시다.

선생님의 조언

■ "쉿" 신호는 예상 가능한 편이 좋습니다. 급작스럽게 신호를 주면 원활한 진행이 어렵습니다.

■ 가사에 일정하게 등장하는 한두 단어를 정해서 활동할 수도 있습니다. 어려워지지만 그만큼 집중해서 활동에 참여하게 되니까요. 예를 들어, "별", "쪽", "도"라든가 'ㅂ'이 들어간 단어 생략하기를 해볼 수 있습니다.

수업 효과

■ 노래를 끊어 부르면 정확한 음정에 좀 더 신경 쓰게 됩니다.

■ 노래 부를 때 가락과 함께 가사를 떠올려야 합니다. 가사를 생략하면서 부르려면 미리 다음 가락과 가사도 예상해야 하지요. 자연스럽게 집중력이 길러집니다.

찰칵! 놀이 속으로

노래

노래를 마음속으로 같이 부르면서 선생님이나 친구의
신호에 주의합니다.

3. 노래 맞히기

#가락선 #리듬 #입모양

☆☆ 3~6학년　　👤 2명~다수　　🕐 5~15분　　💡 노랫말, 리듬, 발음, 예측

집중, 창의

놀이 설명　입 모양, 리듬 신호, 가락선을 보고 어떤 노래인지 맞혀봅시다.

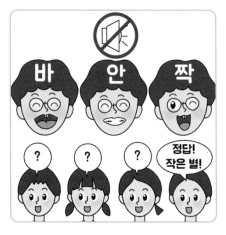

1 교사가 노래를 고르고 입 모양, 리듬, 가락
선 중 무엇으로 문제를 낼지 정합니다.

2 학생들이 문제를 맞힐 수 있도록 입 모
양을 크게 하여 "반짝반짝"을 나타냅
니다.

3 노래 리듬으로 손뼉을 치며 문제를 냅
니다.

4 왼쪽에서 오른쪽으로, 손가락으로 음높
이에 맞게 가락선을 그리며 문제를 냅
니다.

5 답을 알더라도 손부터 들게 함으로써 다른 친구들을 배려하도록 도웁시다.

6 학생들과 입 모양, 손뼉치기, 가락선 표현을 함께해도 좋습니다.

선생님의 조언

- 입 모양으로 문제를 내려면 노래 빠르기가 일정해야 합니다. 박자가 빨라지거나 느려지면 놀이 참가자들이 답을 맞히기가 어려워지기 때문입니다. 한 곡의 노래 안에서 약속된 빠르기를 지켜내는 박을 '일정박(혹은 기본박)'이라고 합니다.
- 학생이 문제를 출제할 수도 있습니다. 이때 다른 학생들이 빨리 맞힐 수 있는 문제를 내야 잘하는 것이라고 알려줍니다. 또는 다른 학생들이 빨리 문제를 맞힐 수 있는 환경을 만들어주는 것도 좋습니다.
- 학생들이 계속 답을 모르는 경우 여러 힌트를 제공합니다. 가사의 한두 단어 또는 노래의 특징을 알려줍니다.

수업 효과

- 입 모양, 리듬, 가락 등 여러 요소를 끊임없이 살펴야 하므로 관찰력이 길러집니다.
- 지식과 음악을 연결 짓는 경험을 통해 유추하는 힘이 생깁니다.

노래

📷 찰칵! 놀이 속으로

잘 표현하는 것도 아주 중요합니다.

영상을 보며 참고해봅시다.

4. 부분 바꿔 부르기

#가사 #강세 #음표

3~5학년　　2명~다수　　10~15분　　규칙, 기억, 정확한 표현

도전, 창의

**놀이
설명**　　노래의 일정 부분에서 강세, 가사, 음표 등을 바꿔 불러봅니다.

노
래

4. 부분 바꿔 부르기　83

활동 단계

1 노래 한 곡을 정해서 함께 불러봅니다.

2 노래의 강세를 다르게 해서 불러봅시다. 각 마디의 첫 박 또는 둘째 박이나 넷째 박을 세게!

3 가사에 무조건 'ㄴ' 받침을 넣어 불러도 재미있습니다.

4 가사에 'ㅇ' 받침을 넣어 부르면 코 주변 의 울림이 느껴집니다.

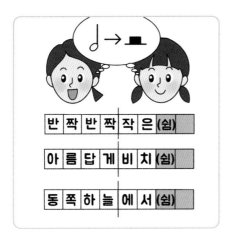

5 2분음표를 쉼표로 바꿔 불러봅시다.

6 2분음표를 4분음표 2개로 바꾼 다음 같은 가사로 불러봅시다.

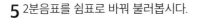

선생님의 조언

■ 강세 넣어 부르기에서는 박을 잘 세는 것이 가장 중요합니다.

■ 받침을 넣어 부를 때는 발음 기관의 울림을 잘 느껴봅시다.

■ 음표를 바꿔 부르는 활동의 경우, 시작 전 음표를 어떻게 바꿀지 약속하고, 제대로 확인합니다. 어렵게 느껴진다면 강세 넣어 부르기나 받침 넣어 부르기를 여러 번 연습한 후에 다시 시도해봅시다.

■ 음표 바꿔 부르기는 계이름 바꿔 부르기로도 가능합니다. "라"를 "파"나 "미"로 고쳐서 부르면, "도도솔솔파파솔", "도도솔솔미미솔"이 됩니다.

■ 교사 또는 음악놀이를 잘하는 친구들이 확실한 예를 보여주고 시작하면 더 좋습니다.

수업 효과

■ 바꿔 부르기로 악곡의 구조, 음표의 길이 등을 이해할 수 있습니다.

■ 어디를 바꿔 부를지 예상함으로써 대처하는 힘이 길러집니다.

■ 집중력과 더불어 조절력을 기를 수 있으며 신체 감각이 예민해집니다.

찰칵! 놀이 속으로

 어떤 받침을 넣어 부르냐에 따라 새로운 노래가 탄생합니다!

코와 얼굴 주변의 울림을 꼭 느껴봅시다.

5. 흉내 내서 부르기

#감정표현 #음악표현 #표현력기르기

 3~4학년   2명~다수   10~15분   규칙, 모방, 상상

도전, 집중, 창의

 **놀이
설명** 노래를 여러 감정으로 불러봅니다. 또 스타카토, 피아니시모
같은 음악적인 표현을 살려 불러봅시다.

1 노래 한 곡을 정해서 함께 불러봅니다.

2 슬픈 아이의 기분과 목소리를 떠올리고, 그 느낌을 흉내 내서 불러봅니다.

3 군인의 모습과 목소리를 떠올리고, 그 느낌으로 노래를 불러봅니다.

4 이때 노래의 분위기, 소리의 울림, 발음의 특징들을 친구들과 이야기해봅시다.

5 모든 음표를 짧게 팅기듯이 스타카토로 노래해봐요.

6 피아니시모로 조그맣게 소리내며 노래 불러봅니다.

선생님의 조언

■ 표정과 몸짓을 함께하면 더 재미있게 노래를 부를 수 있습니다.

■ 노래 전후로 각각의 분위기, 울림, 특징을 이야기해봅시다.

■ 피아니시모로 노래를 부를 때는 끊김 없이, 작게라도 소리가 계속 이어져야 합니다.

■ 아주 크게 부르기는 아이들의 목에 무리가 갈 수 있습니다. 목을 무리하게 누르지 않고 호흡을 조절해 크게 부르도록 합시다.

수업 효과

■ 누군가를 흉내 내거나 표현을 살려 노래하면 '음악적인 특징을 발견하고 표현하는 능력'이 길러집니다.

■ 스타카토나 피아니시모로 노래를 잘 부르려면 힘 조절이 필요하므로 신체 조절 능력이 생깁니다.

📷 찰칵! 놀이 속으로

 따라 하고 싶은 모습을 상상하며 노래해봅시다.

6. 노래 술래 찾기

#다른음 #립싱크

☆☆　　👤　　🕐　　💡
4~6학년　　6명~다수　　15~20분　　규칙, 약속, 추측

경청, 도전, 집중

놀이
설명
다 같이 노래할 때 립싱크하거나 다르게 소리내는 술래를 찾아
봐요.

🎺 활동 단계

1 1명이 친구들을 등지고 벽 쪽으로 돌아섭니다.

2 나머지 친구들은 둥글게 앉아 1명 또는 2명의 술래를 정합니다.

3 노래를 정한 다음 모두 같은 음으로 부릅니다. 이때 술래만 소리 없이, 노래하는 척합니다.

4 ①의 친구는 뒤로 돌아 립싱크 술래를 찾습니다. 이때 친구들과 멀리서 찾기 시작해 조금씩 가까이 다가갑니다.

5 다음번에는 술래만 일부분을 살짝 다르게 부르기로 약속하고 노래합니다.

6 술래 찾기 친구는 노래를 잘 듣고 음정이 다른 술래를 찾습니다.

선생님의 조언

- 모두 같은 음을 낼 수 있도록 신경 쓰면서, 적당한 소리 크기로 노래합니다.
- 일부가 노래를 잠시 멈춤으로써 친구가 술래를 쉽게 찾도록 도와주는 것도 좋습니다.
- 다른 음을 내는 술래는 정확한 음정으로 노래하는 학생이 시작하도록 합니다.
- 원형 대신 이구동성 놀이하듯 앞에 몇 명이 나와서 같은 소리를 내고, 한두 명만 소리 내지 않는 형태로도 할 수 있습니다.
- 뒷모습을 보면서 놀이해도 재미있습니다.

수업 효과

- 모두 한 음으로 노래하려면 각자 틀리지 않도록 조심해야 합니다.
- 립싱크로 노래하는 친구도 실제 부르는 것처럼 박자와 리듬에 맞춰 입을 움직이면 함께 호흡할 수 있습니다.
- 술래 찾는 친구는 소리에 민감하게 집중해야 하므로 관찰력과 집중력이 좋아집니다.

📷 찰칵! 놀이 속으로

 끝음을 다르게 소리내는 영상입니다. 중간에 조금 다른 음을 내는 학생들이 있더라도 끝음이 가장 중요합니다.

7. 무궁화 꽃이 피었습니다

#미션수행 #바꿔부르기

⭐ 3~4학년   👤 4명~다수   🕐 15~20분   💡 규칙, 반응 속도

경청, 도전, 집중

 '무궁화 꽃이 피었습니다' 놀이를 조금씩 바꿔가면서 해봐요!

🎺 활동 단계

1 '무궁화 꽃이 피었습니다' 놀이를 함께해 봅시다.

2 "무궁화"를 "안경"으로 바꿔 부르면, 안경 쓴 친구들만 움직입니다.

3 '무궁화' 대신 다른 단어를 여럿 넣어봅시다.

4 술래가 "무궁화"라고 말하기 전, "한 발" 이라고 말했다면, 정지 동작에서 한 발로 서 있어야 합니다.

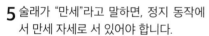

5 술래가 "만세"라고 말하면, 정지 동작에서 만세 자세로 서 있어야 합니다.

6 2개를 섞어서 할 수도 있습니다.

선생님의 조언

- 말이 끝나자마자 바로 움직일 수 있도록 "무궁화 꽃이 피었습니다"라는 문장의 첫음절부터 끝음절까지 시간을 예상해보도록 합시다. 음악이 갖는 시간의 길이를 예측하고 움직이는 것은 효과적인 놀이 참여에 도움이 됩니다.
- 문제 내는 교사나 학생(술래)은 지시어를 명확하게 발음합니다.
- 한 가지의 지시어를 2, 3번 반복한 뒤, 하나씩 미션을 늘려서 해봅시다.

수업 효과

- 음악은 시간 예술이기 때문에 부르는 노래, 연주하는 음악의 빠르기를 인지하고 표현할 줄 알아야 합니다. '무궁화 꽃이 피었습니다' 놀이에서 제시되는 주제(문장)으로 빠르기와 시간을 예측하는 힘이 길러집니다.
- 리듬이나 가락에 맞춰 민첩하게 반응하는 법을 배울 수 있습니다.
- 친구들과 함께할 수 있는 재미있는 제시어를 고민하다 보면 협동심이 길러집니다.

📷 찰칵! 놀이 속으로

[조디쌤 교실놀이] '무궁화 꽃이 피었습니다'에는 여러 형태가 있습니다. 우리는 노래를 잘 부르는 게 조금 더 중요하겠지요? 미션과 함께 노래에 집중해봅시다.

8. 손뼉치며 노래 부르기

#돌림노래 #반복리듬 #일정리듬

 3~6학년   4명~다수   10~15분   규칙, 기억, 협응

도전, 성찰, 집중

 일정한 리듬을 반복해 손뼉으로 치면서 노래 불러봅시다.

🎺 활동 단계

1 한 곡을 정해 박자에 맞춰 손뼉치며 불러
봅니다.

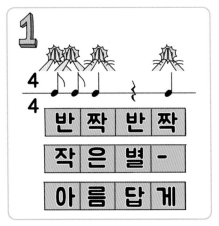

2 1번 리듬을 치면서 노래 불러봅시다.

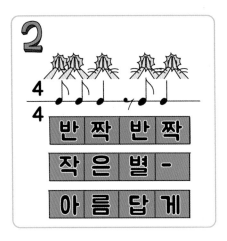

3 2번 리듬을 치면서 노래 불러봅시다.

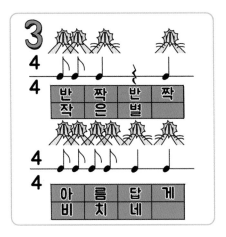

4 3번 리듬을 치면서 노래 불러봅시다.

5 모둠을 둘로 나누어 한 모둠은 노래, 다른 한 모둠은 돌림노래와 동시에 손뼉치면서 함께 불러봅시다.

6 한 마디 늦은 돌림노래의 리듬을 손뼉으로 치며 노래를 불러봅시다. 어렵더라도 천천히 하다 보면 성공할 수 있습니다. 꼭 도전해봐요!

노 래

선생님의 조언

- ②, ③, ④ 활동은 둘씩 짝지어 1명은 리듬, 다른 1명은 노래를 맡아 표현해도 좋습니다.
- 친구의 소리가 헷갈리지 않는다면 혼자 표현해봅니다.
- ⑥은 한 마디 빠른 돌림노래로 표현할 수도 있습니다.
- 손뼉 대신 피아노와 노래, 피아노 왼손과 오른손 등으로 돌림노래를 다양하게 표현할 수 있습니다.

수업 효과

- 약속된 길이에 맞춰 리듬과 가락이 어울리는 부분을 상상하고 표현할 수 있습니다.
- 음악적인 상상력은 단번에 길러지지 않습니다. 리듬 위주 활동부터 조금씩 수준을 높여갑시다.
- 리듬과 가락이 어울리는 음악을 상상하고 표현하려면 고도의 집중력이 필요합니다. 인내심을 갖고 박을 세면서 상상하고 표현해야 합니다.

찰칵! 놀이 속으로

약속한 리듬을 잘 기억합니다. 다른 리듬으로 만들어서
놀이해봐도 좋아요.

9. 손뼉치기 놀이 1

#냄비박수 #예쁘지않은꽃은없다 #푸른하늘은하수 #캔디

☆ 3~6학년　　👤 2명~다수　　🕐 10~15분　　💡 유지, 협응

집중, 협동

 여러 방법으로 손을 움직이면서 노래 불러요.

1 <예쁘지 않은 꽃은 없다> 노래에 맞춰 네 박자 손뼉치기를 해봅시다. 먼저 둘이 마 주 앉아 첫 박에 내 손뼉을 칩니다.

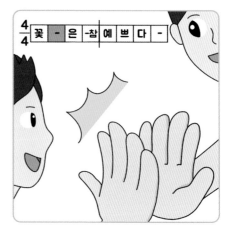

2 ①에 이어 서로 오른손 손뼉을 칩니다. 다음 노랫말 '은'은 ①과 같은 방법으로 양손으로, '참'은 ②와 같은 방법으로 왼 손 손뼉을 칩니다.

3 세 번째 박에도 내 손뼉부터 칩니다.

4 서로 마주한 양손 손뼉을 칩니다.

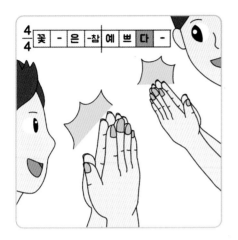

5 네 번째 박에도 내 손뼉부터 칩니다.

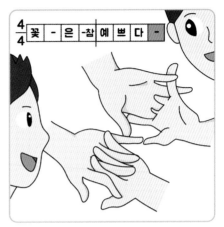

6 서로 깍지 낀 다음 ⑥처럼 마주한 양손 손뼉을 칩니다. 같은 음악놀이를 다른 노래에도 해봅시다.

선생님의 조언

- 노래와 손이 잘 맞지 않는다면 천천히 구분 동작으로 해봅시다.
- 다른 네 박자의 노래에 맞춰 손으로 놀이해봅시다.
- 노래와 손의 박자가 어울리지 않을 때 놀이를 잠시 쉬었다 해도 좋습니다.

수업 효과

- 노래의 구조와 특징을 자연스럽게 이해할 수 있습니다.
- 일정박에 맞춰 가창 능력이 좋아집니다.
- 노래 부르면서 손을 움직임으로써 협응 능력이 좋아집니다.
- 친구들과 함께 마주하고 놀이하면서 친해질 수 있습니다.

찰칵! 놀이 속으로

노래

 노래 부르면서 약속된 손동작을 해봅시다. 예전부터 전해 오는 <반달>, <캔디>의 노래와 손동작도 해봅시다.

10. 손뼉치기 놀이 2

#냄비박수 #함께치기

☆ 3~6학년   👤 2명~다수   🕐 10~15분   💡 기억

성찰, 집중, 협동

 친구와 함께 노래 부르며 다양한 손뼉치기를 해봅시다.

노래

🎺 **활동 단계**

1 악보를 보고 〈냄비박수〉 노래를 불러봅
니다.

2 "지글"과 "보글"은 오른손으로 내 왼손
과 친구의 왼손을 번갈아가면서 칩니다.

3 "짝"은 친구의 손을 칩니다.

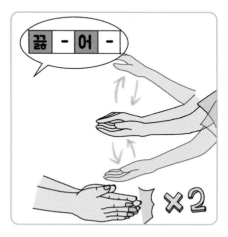

4 1명은 손을 세로로 중간 높이에서 손뼉
을 치고, 다른 1명이 "끓어"에 아래에서
손뼉을 2번 칩니다.

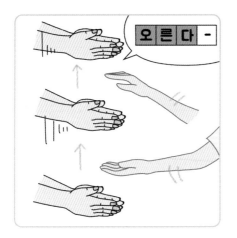

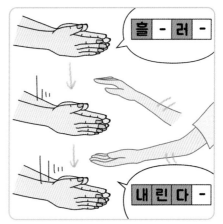

5 "오른다"에서는 올라가면서 친구 손 사이로 손뼉을 칩시다.

6 "흘러"에서는 위에서 2번 손바닥을 친 후 "내린다"에서 "오른다" 같은 방법으로 내려가면서 친구 손 사이로 손뼉을 칩니다.

선생님의 조언

- 전체를 한 번에 외우기 어려운 경우 "지글 보글" 부분과 "끓어 오른다", "흘러 내린다" 부분을 나눠 익힙시다.
- "오른다"와 "내린다"에서 세로 중간 손뼉치는 친구가 헷갈리거나, 쫓아가는 경우 아주 천천히 속도를 늦춰서 해봅시다.

수업 효과

- 가사에 어울리게 손뼉치면서 노래와 신체 활동을 연계합니다.
- 노래를 부르면서 박자가 빨라지는 학생들의 경우, 규칙적인 박자 치는 놀이와 함께 노래 부르기를 함으로써 박자를 지킬 힘이 생깁니다.
- 친구들과 노래 부르며 어려운 리듬 손뼉치기에 도전함으로 협력과 성취를 경험할 수 있습니다.
- 놀이를 비슷한 형태로 조금씩 변형하면서 창의력이 길러집니다.

📷 찰칵! 놀이 속으로

 그림의 내용을 영상으로! 설명과 예시를 잘 참고하세요.

노
래

11. 한 음 당겨(밀어) 노래 부르기

#교종이땡 #네반짝반 #다학교종 #짝반짝작

 5~6학년   1명~다수   🕐 10~15분   💡 규칙, 기억, 조합

도전, 성찰, 집중

 노랫말을 한 글자씩 당기거나 밀어서 노래를 불러봅시다.

활동 단계

1 <학교 종> 노래를 불러봅시다.

2 가사를 한 글자씩 당겨서 한 마디만 불러보고, 끝까지도 불러봅시다.

3 가사를 한 글자씩 밀어서 한 마디만 불러보고, 끝까지도 불러봅시다.

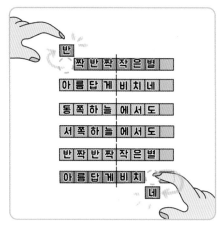

4 <작은 별> 노래를 같은 방법으로 불러봅시다.

5 <작은 별> 노래의 가사를 한 글자씩 당겨서 악보를 보고 불러봅시다.

선생님의 조언

■ 한 곡을 끝까지 부르기 어려울 때는 한 마디 또는 두 마디씩 끊어서 불러도 괜찮습니다.
■ 반주 없이 천천히 노래하는 것이 훨씬 쉽습니다.
■ 두 글자씩 밀고 당기면서도 불러봅시다.

수업 효과

■ 일반적으로 가사와 가락을 한 덩어리로 노래하는데, 이 활동으로 가락과 가사를 구분할 수 있습니다.
■ 자연스럽게 악보를 떠올리게 되므로 악보 기억력이 좋아집니다.
■ 생각과 계산을 많이 해야 하는 활동입니다. 고도의 집중력이 필요하므로 집중력 향상에도 도움이 됩니다.
■ 머릿속에서 가사와 가락을 구분했다 다시 결합해야 하기 때문에 협응 능력이 높아집니다.

📷 찰칵! 놀이 속으로

 노래 가사를 적어놓고 보면서 해보세요. 세 박자 노래,
리듬이 조금 복잡한 노래도 도전해봅시다.

Chapter 4
박자

박과 리듬은 노래와 연주에 늘 포함되어 있으며, 작곡 또는 연주 시 박과 리듬을 잘 알고 표현하는 것은 매우 중요합니다.

　박은 음악을 이루는 기초 단위로, 사람의 맥박과 같습니다. 일정한 규칙으로 신호를 만들고, 음악의 밑바탕을 이룹니다. 박의 변화에 따라 빠르기가 변화되고, 박을 얼마만큼 크고 작은 신호로 만드느냐에 따라 노래의 분위기와 리듬이 달라집니다.

　박자는 박이 규칙적으로 강하고 약하게 주는 신호들로 이루어진, 박의 묶음입니다. 네 박자는 네 박마다 강박 신호가 들어가고, 세 박자는 세 박마다 강박 신호가 들어갑니다. 박자에 의해 음악의 기본적인 셈여림이 정해지고, 반복되는 박자의 흐름 속에서 다양한 리듬이 만들어집니다.

　리듬은 길고 짧은 음표들이 나열된 형태를 말합니다. 약속된 박자 안에서 때로는 규칙적으로 때로는 불규칙적으로 표현을 만듭니다. 리듬의 다양한 표현은 음악에 느낌을 담는 가장 원초적이고 기본적인 방법입니다. 크고 긴 음으로 이뤄진 리듬은 편안하고, 여유 있고, 고요한 느낌을 줍니다. 작고 짧은 음이 반복되는 리듬은 흥미롭고, 신나며 몸을 들썩이게 합니다.

　지금부터 함께할 놀이는 일정한 빠르기를 유지하고, 강약에 맞게 표현하며, 창의적으로 리듬을 만들고 이해하기 위해 하는 것입니다. 제시된 놀이의 흐름과 내용은 다음과 같습니다.

　처음에는 몸과 말을 사용하여 쉽게 여러 리듬을 만들어봅니다. 이때 몸으로 리듬을 느껴보는 것이 중요합니다. 제자리 앉아서, 또는 이동하면서 할 수 있습니다.

두 번째는 음표로 만들어지는 리듬을 표현하고, 기억하고, 창작하는 놀이입니다. 숫자나 코다이 리듬말을 사용해서 다양한 리듬꼴을 경험합니다. 다른 사람의 표현에 집중하면서 잘 들을 수 있게 되며 여러 리듬 패턴을 자연스럽게 익힐 수 있습니다.

세 번째는 익숙해진 리듬꼴을 사용해서 여러 번 말하고 표현하며 노는 놀이입니다. 리듬꼴을 고르거나 창작해서 빙고를 하려면 제시된 리듬꼴을 잘 기억해야 합니다. 순발력 있게 간단한 리듬을 제시하고 반응하며 놀 수 있습니다.

네 번째는 일정박을 유지하면서 다양한 박자가 섞여 만드는 리듬을 체험하고 반응하는 놀이입니다. 모둠별로 다른 박을 연주하면서 동시에 소리나는 박을 계산해야 합니다. 음악활동을 하며 계산하는 놀이입니다.

우리는 이런 유사한 놀이를 이미 오래전부터 해왔습니다. 학생들은 학생들끼리, 어른들은 어른들끼리 말하고, 손뼉치고, 규칙을 정하고 놀아왔습니다. 이런 다양한 놀이가 각각의 수준, 목적, 효과를 가지고 있기 때문입니다. 지금부터 함께할 놀이를 통해 즐겁게 놀면서 음악을 잘 듣고, 생각하고, 표현하는 능력까지 키울 수 있기를 바랍니다.

1. 몸으로 박자 만들기

#발구르기 #무릎치기 #손가락튕기기 #손뼉치기

3~6학년   1명~다수   5~10분   리듬, 배열, 신체 표현, 창작

도전, 성찰, 창의

 일정한 박자에 맞춰 몸으로 표현해봅시다.

박자

활동 단계

박
자

1 네 박자에 맞춰 발을 4번 구르고, 무릎과 손뼉을 치고, 손가락을 튕겨봅시다. 그러면서 몸에서 나는 여러 소리를 찾아봅시다.

2 발 구르기, 무릎치기, 손뼉치기, 손가락 튕기기 순서로 하나씩 해봅니다.

3 순서를 바꿔 하나씩 해봅니다.

4 네 박자에 맞춰 자신만의 배열을 찾아봅시다.

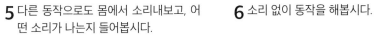

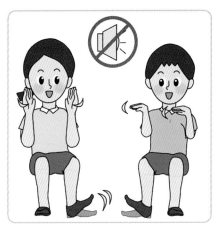

5 다른 동작으로도 몸에서 소리내보고, 어떤 소리가 나는지 들어봅시다.

6 소리 없이 동작을 해봅시다.

선생님의 조언

■ 손가락 튕기기가 어렵다면 무리하지 말고 다른 간단한 동작으로 바꿔서 해봅시다.

■ 소리나는 동작들은 소리의 어울림을 느끼고, 서로 소감을 나누면 좋습니다.

■ 소리나지 않는 동작이 리듬에 어울리지 않을 때는 교사가 박을 크게 들려주면서 천천히 박에 맞춰 동작하도록 유도합니다.

■ 세 박자로 바꿔서 해봅시다. 네 박자와는 다른 느낌입니다.

■ 2명이 짝짓거나, 여러 명이 모둠을 이뤄 함께 몸으로 소리를 표현해봅시다.

수업 효과

■ 박자에 맞춰 소리내거나 신체 표현을 하면 박자에 몸의 움직임을 맞추게 되고, 노래도 연주도 더욱더 자연스럽게 내 음악 호흡으로 잘 표현할 수 있습니다.

■ 자연스럽게 강박과 약박을 구분합니다.

■ 친구와 박에 맞춘 신체 표현을 함께하면서 좀더 친해질 수 있습니다.

찰칵! 놀이 속으로

박자

 몸의 어느 곳을 사용해도 좋습니다. 영상을 보면서 다양한
소리를 찾아봅시다.

 몸을 두드리는 바디퍼커션 연주로는 이런 것도 있어요.

2. 리듬 만들기

#과일 #동물 #야채 #이름

☆☆ 4~6학년   👤 2명~다수   🕐 5~10분   💡 단어 활용, 리듬, 배열, 창작

성찰, 창의

 이름, 과일, 동물, 채소의 종류를 활용해서 일정한 리듬을 만들어봅시다.

박자

박
자

1 네 박에 맞춰 여러 방법으로 이름을 말해 봅시다.

2 표에 쓰인 여러 리듬의 이름을 읽어봅시다.

3 ②와 다르게 표에 쓰인 리듬의 이름도 읽어봅시다.

4 리듬 이름표를 참고해 표의 빈칸에 자신의 이름을 쓰고 읽어봅시다.

5 '딸기를 좋아하는 한승모'처럼 이름 앞에 다른 설명을 붙여 말해봅시다.

6 자신이 좋아하는 설명을 빈칸에 적고 읽어봅시다.

선생님의 조언

▪ 리듬표 읽기 활동이 어렵다면 생략하고 자유롭게 말하기만 해도 좋습니다.
▪ 아이들의 흥미를 끌기 위해 좋아하는 색깔, 날씨, 가족 등 다양한 주제로 '하고 싶은 말'을 할 수 있게 해주세요.
▪ 리듬표 이용하는 방법이 익숙해지면 리듬 음표를 사용해봅시다.
▪ 한 마디에서 두 마디, 네 마디로 조금씩 확장해봅시다.

수업 효과

▪ 여러 리듬을 경험하면서 다양한 리듬에 익숙해집니다.
▪ 리듬표나 리듬 악보를 읽으면서 리듬을 읽어내는 힘이 길러집니다.
▪ 원하는 리듬을 짧게 말하면서 즐겁고 재미있는 자기표현이 익숙해집니다.
▪ 다양한 방식으로 스스로를 표현하면서 창의성이 높아집니다.

찰칵! 놀이 속으로

 책의 내용처럼 빈칸을 활용하여 활동해도 좋고, 영상처럼
말만 하며 활동할 수도 있습니다.

3. 북치기 박치기

#무성음 #치열음 #파열음

☆ 3~6학년 👤 1명~다수 🕐 5~10분 💡 배열, 창작, 탐색

경청, 도전, 협동

 북치기 박치기로 리듬을 만들고 다양하게 표현해봅시다.

🎺 활동 단계

1 "칫", "투", "풉", "크"같이 음 없는 소리를 다양하게 내봅시다.

2 일정한 리듬에 맞춰 소리내보고, 리듬을 바꿔 소리내봅시다.

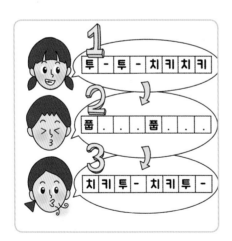

3 한두 마디 리듬과 소리를 정하고 친구들과 역할을 나눠 릴레이로 소리내봅니다.

4 소리별로 일정한 리듬을 정하고, 함께 합주해봅시다.

5 악보를 보고 함께 합주해봅시다.

6 시작하는 방법, 끝내는 방법, 중간 소리의
크기 변화를 만들어 연주해봅시다.

선생님의 조언

- 소리내기가 어려울 때는 '비트박스', '보컬 퍼커션' 등을 검색해 예시를 찾아보세요.
- 1명이 한 가지 소리를 표현하기 어렵다면 여러 명이 함께 표현하며 합주할 수도 있습니다.
- 동시에 네 가지 소리를 표현하지 않고, 두 가지씩 소리를 합쳐 표현하면 더 쉽게 활동할
  수 있습니다.
- 일부는 <작은 별> 노래를 부르고, 다른 일부는 북치기 박치기처럼 일정한 리듬을 소리
  내며 함께 노래해봅시다. 북치기 박치기 소리가 노래 반주처럼 들립니다.
- 이 외에도 여러 소리를 찾거나 만들어봅시다.

수업 효과

- 무성음들로 소리내면서 여러 소리에 집중할 수 있습니다.
- 작은 소리로 리듬을 함께 만들면서 리듬의 어울림을 쉽게 느낄 수 있습니다.
- 내 리듬 소리가 정확한지, 친구들과 좋은 음악을 만들고 있는지 확인해야 합니다. 자신
  의 소리에 집중하면서 집중력과 소리에 대한 감각이 높아집니다.

찰칵! 놀이 속으로

박
자

 박을 잘 세면서 소리를 만들어보는 것이 좋습니다. 영상을 보면서 리듬을 함께 타봅시다.

 [비트박서 콘서트] 비트박서들만 모여서 음악을 만들기도 합니다.

4. 리듬 묻고 답하기

#44884 #숫자리듬 #코다이리듬말 #티티타타타

 4~6학년   2명~다수   15~20분   리듬, 배열,
신체 표현, 창작

경청, 도전

 여러 방법으로 리듬을 묻고 답하며 놀아봅시다.

박자

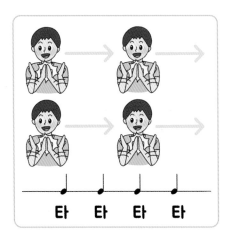

타 타 타 타

1 4분음표만 있는 리듬을 손뼉치며 말해봅시다.

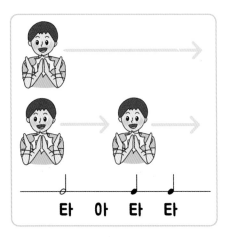

타 아 타 타

2 2분음표가 쓰인 리듬을 손뼉치며 말해봅시다.

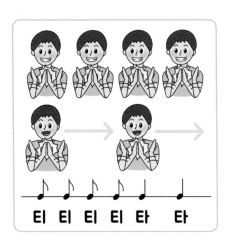

티 티 티 티 타 타

3 8분음표가 많이 쓰인 리듬을 손뼉치며 말해봅시다.

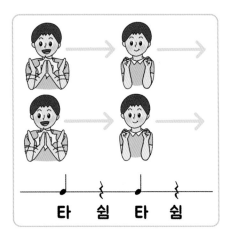

타 쉼 타 쉼

4 4분음표와 4분쉼표가 쓰인 리듬을 손뼉치며 말해봅시다.

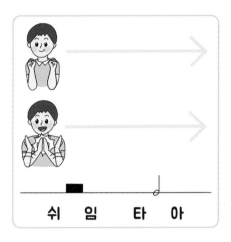

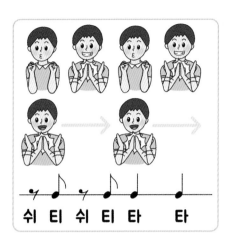

5 2분음표와 2분쉼표가 쓰인 리듬을 손뼉
치며 말해봅시다.

6 8분음표와 8분쉼표가 쓰인 리듬을 손뼉
치며 말해봅시다.

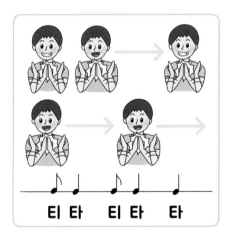

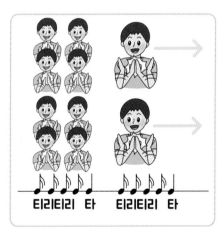

7 당김음이 사용된 리듬을 손뼉치며 말해
봅시다.

8 16분음표와 4분음표가 쓰인 리듬을 손
뼉치며 말해봅시다.

9 선생님이 코다이 리듬말로 한 마디 하면 리듬에 맞게 손뼉을 칩니다.

10 선생님이 손뼉치면 맞춰서 코다이 리듬말로 대답합니다.

11 짝이나 모둠을 이루어 1명이 문제 내고 다른 1명이 맞혀봅시다.

12 두 마디 길이로 늘려서 해봅시다.

- 리듬을 묻고 답하는 것이 자연스럽게 진행되지 않을 경우, 쉬운 리듬부터 표현해봅시다.
- 선생님은 노래 리듬을 '타', '티'로 제시하고, 학생들은 손뼉으로 대답하는 활동을 여러 번 해봅니다. 한 마디나 두 마디의 다양한 리듬꼴을 많이 듣고 표현할수록 리듬 창작에 도움이 됩니다.
- '타', '티' 같은 말 대신 아래를 참고하여 숫자로 리듬 놀이를 해봅시다.

말	숫자	음표	말	숫자(읽기)	쉼표
타아	2	♩	쉼	쉼	𝄼
타	4	♩	쉬	웃	𝄽
티	8	♪			

- 짧은 노래를 리듬으로 표현해봅시다.

수업 효과

- 말리듬과 숫자리듬은 직관적으로 음표 길이를 느끼고 표현하는 활동입니다. 자연스럽게 음표 길이를 익히고 이해할 수 있습니다.
- 여러 리듬꼴을 경험하면서 리듬 창작도 경험할 수 있습니다.
- 자신의 리듬 표현이 맞는지 계속 확인함으로써 집중력과 협응 능력이 좋아집니다.
- 큰 박에서 작은 박의 순서로 음표를 배우면 음표의 길이를 개념화하는데 효과적입니다.
- 한 마디, 두 마디씩 리듬의 길이를 확장하면서 리듬을 기억하는 능력이 좋아집니다.
- 위의 숫자 사용 방법으로 리듬 활동을 하면 바로 오선 악보로 연결할 수 있습니다.
- 악보를 보지 않고, 숫자나 리듬 표현만 듣고 리듬 악보를 떠올릴 수도 있습니다.

박자

찰칵! 놀이 속으로

 그림으로 구분이 어려운 내용은 영상을 잘 참고해보세요.

 리듬 레슨 기초 활동으로 좋은 영상입니다.

5. 리듬 릴레이 모방

#말리듬 #중복

 5~6학년   4명~다수   15~20분   💡 기억, 리듬, 창작

경청, 도전, 창의

 앞사람이 제시하는 리듬을 잘 관찰하고 차례로 돌림노래처럼 표현합니다.

활동 단계

박
자

1 내가 표현할 네 박자 리듬을 생각해봅시다.

2 둥글게 앉아 첫 번째 사람이 한 마디 리듬을 먼저 제시합니다.

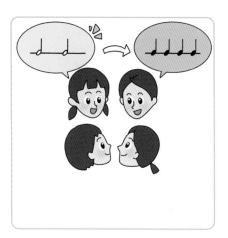

3 두 번째 사람이 그 리듬을 따라 합니다. 이때 처음 리듬을 제시한 사람은 다른 리듬을 제시합니다.

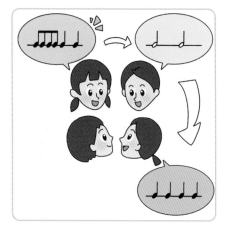

4 세 번째 사람은 두 번째 사람에 이어 첫 리듬을 따라 하고, 두 번째 사람은 첫 번째 사람이 제시한 두 번째 다른 리듬을 따라 합니다.

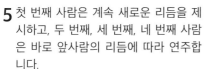

5 첫 번째 사람은 계속 새로운 리듬을 제시하고, 두 번째, 세 번째, 네 번째 사람은 바로 앞사람의 리듬에 따라 연주합니다.

6 손뼉치기, 리듬말, 신체 표현 등 여러 방법을 사용합니다.

선생님의 조언

▪ 처음에는 최대한 단순한 리듬으로 시작합니다.

▪ 손뼉치기나 무릎치기 등 신체를 사용하여 리듬을 표현하는 것이 좋습니다. 리듬을 제시할 때 머리 위에서 발끝 또는 왼쪽에서 오른쪽으로 제시하는 등 방향성, 규칙성을 갖는 것이 기억하기에 편리합니다.

▪ 자리 또는 순서도 바꿔보고, 리듬꼴 길이도 한 마디에서 두 마디로 확장해봅시다.

수업 효과

▪ 리듬꼴을 충분히 경험하면서 리듬감을 높일 수 있습니다.

▪ 약속된 리듬을 표현하면서 눈과 귀로는 앞사람을 관찰해야 하므로 협응력이 좋아집니다.

▪ 친구가 표현하는 리듬을 주의 깊게 관찰해야 하므로 집중력이 높아집니다.

찰칵! 놀이 속으로

 앞 그룹의 리듬을 잘 듣고 따라 합니다. 주의 깊게 잘 관찰하고

표현하는 내용을 볼 수 있습니다.

6. 리듬 시장에 가면

#거꾸로하기 #리듬기억

 4~6학년   4명~다수   15~20분   💡 기억, 리듬, 확장

경청, 도전, 창의

 리듬으로 '시장에 가면' 놀이를 해봅시다.

활동 단계

1 둥글게 앉아 자신이 표현하고 싶은 한 마디 리듬을 생각해봅시다.

2 첫 번째 사람이 한 마디 리듬을 리듬말이나 신체로 표현합니다.

3 두 번째 사람이 첫 번째 사람이 표현한 리듬에 자신이 생각한 리듬을 이어 표현합니다.

4 세 번째 사람은 첫 번째, 두 번째 사람이 표현한 리듬에 자신이 생각한 리듬을 이어 표현합니다.

5 네 번째 사람은 첫 번째, 두 번째, 세 번째 사람이 표현한 리듬에 자신이 생각한 리듬을 이어 표현합니다.

6 반대 순서로 다시 1명씩 쌓아갑니다.

선생님의 조언

- 시작할 때는 쉬운 리듬을 사용합니다.
- 자신이 꺼낼 리듬을 미리 정하면 자연스럽게 차례를 이어갈 수 있습니다.
- 어려워하는 친구는 다 같이 도와줍니다.
- 리듬 표현과 함께 약간의 신체 표현을 함께하도록 유도해봅시다. 리듬을 더 쉽게 기억할 수 있습니다.
- 리듬이 정해진 뒤 자리 배치를 바꿔서 해봅시다.
- 리듬을 표현한 친구가 다른 친구를 가리키면서 무작위로 리듬을 쌓아봅시다.
- 리듬의 길이를 두 마디로 늘려서 해봅시다.

수업 효과

- 리듬꼴을 기억하고 정확하게 표현하는 능력이 높아집니다.
- 다양한 리듬을 쉽게 경험할 수 있습니다.
- 리듬을 듣고 기억해야 하므로 집중력이 좋아집니다.
- 친구의 표현을 보면서 리듬을 기억하므로 리듬을 이해하는 능력이 높아집니다.

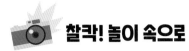

찰칵! 놀이 속으로

 집중하여 앞사람의 리듬을 잘 듣고 기억합니다.

영상에서처럼 4명이 아니어도 놀이할 수 있습니다.

7. 리듬 빙고

#듣고맞히기 #리듬꼴

☆ 5~6학년 👤 2명~다수 🕐 15~20분 💡 개념화, 기억, 리듬

경청, 도전, 자존

 한 마디 리듬으로 '빙고' 놀이를 해봅시다.

박
자

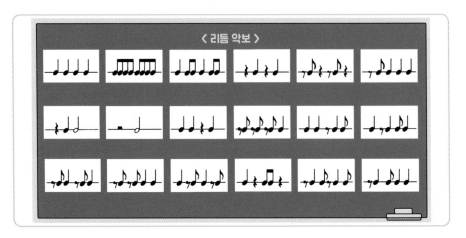

1 교사가 칠판에 여러 리듬꼴을 제시합니다.

2 학생들과 함께 리듬꼴을 리듬말, 손뼉치기 등으로 파악합니다.

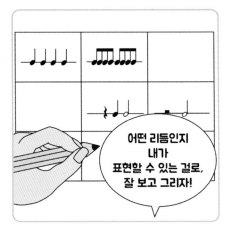

3 칠판에 제시된 리듬 중 9개를 선택하여 자신의 빙고판에 그립니다.

4 선생님과 친구들이 돌아가면서 표현하는 리듬을 듣고, 자신의 빙고판에 표시합니다.

5 빙고가 완성되면 "빙고"를 외치고, 완성된 3개의 리듬을 한 방향으로 이어서 표현합니다.

선생님의 조언

- 처음 칠판에 제시한 리듬꼴을 학생들이 충분히 표현하면서 경험할 수 있도록 합니다.
- 한 마디 리듬이 어려운 경우는 한 마디를 4박자가 아닌 2박자로 줄일 수 있습니다.
- 리듬을 여러 개 듣고 맞히기가 어렵다면 리듬 개수를 3, 4개로 줄일 수 있습니다.
- 4×4 빙고나, 5×5 빙고로 해봅시다.
- 음표를 점점 더 복잡하고 다양하게 사용해봅시다.

수업 효과

- 빙고 게임을 하려면 리듬을 정확하게 파악하고 기억해야 합니다. 자연스럽게 리듬을 기억하고 표현하는 능력이 좋아집니다.
- 리듬을 듣고 잘 기억해야 하므로 집중력이 좋아집니다.

 리듬 빙고 놀이 전 이 영상을 보면 활동에 도움이 됩니다.

8. 리듬 바꾸기

#규칙

5~6학년   2명~다수   15~20분   개념화, 창작

경청, 도전, 창의

 놀이
설명   제시된 리듬의 규칙을 입혀서 다르게 표현해봐요!

박
자

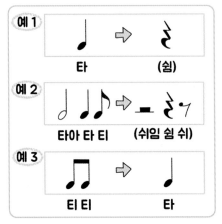

박
자

1 리듬을 다르게 표현할 규칙을 함께 정합 니다.

2 4분음표를 쉼표로 바꿔봅시다. 쉼표와 음표를 바꿀 수도 있고, 8분음표 2개가 이어 나오면 4분음표로 바꿀 수도 있습 니다.

3 교사가 짧게 한 마디 리듬카드를 제시하 고, 학생들은 바꿔서 대답합니다.

4 규칙을 바꿔서 리듬카드를 제시하고, 학 생들은 바꿔서 대답합니다.

5 교사가 리듬카드 없이 리듬을 표현하면 학생들이 바꿔서 대답합니다.

6 학생들이 문제를 내면 다른 친구들이 바꿔서 대답합니다.

선생님의 조언

- 리듬카드를 적극적으로 활용합니다. 쉬운 리듬카드부터 사용하는 것이 좋습니다.
- 어떤 규칙을 적용할지 예상해야 합니다.
- 리듬카드 없이 리듬을 제시할 때는 기억하기 쉬운 리듬 형태로 제시하는 것이 좋습니다.
- 리듬카드 2개를 연결하여 제시합시다.
- 아이들과 함께 리듬카드에 적용할 규칙을 변형해봅시다.

수업 효과

- 리듬을 기억할 수 있고, 더 나아가 규칙에 따라 리듬을 변형할 수 있습니다.
- 여러 리듬에 익숙해지면, 리듬을 창작할 수도 있습니다.
- 규칙에 맞게 리듬을 변형하려면 리듬을 주의 깊게 들어야 하므로 집중력과 사고력을 키울 수 있습니다.

찰칵! 놀이 속으로

 영상에서처럼 한 가지 규칙만으로 놀이해도 좋습니다.

 영상을 보면서 리듬 연습 기초 활동을 충분히 하면 더 좋습니다.

9. 리듬 프라이팬 놀이 1

#이름 #만 #부터 #까지 #빼기

 3~6학년   4명~다수   10~15분   규칙, 창작

경청, 도전, 자존

박자

 "팅 팅 팅팅" 리듬에 맞춰 친구들과 함께 수를 잘 세어가며 표현해봐요!

활동 단계

1 '프라이팬 놀이'의 첫 번째 리듬을 익힙
니다.

2 '프라이팬 놀이'의 두 번째 리듬을 익힙
니다.

3 '프라이팬 놀이'의 세 번째 리듬을 익힙
니다.

4 '프라이팬 놀이'의 네 번째 리듬을 익힙
니다.

5 교사가 1명의 이름을 고른 뒤 셋째 박에 이름을 말하고 넷째 박에 횟수를 말합니다.

6 교사의 신호에 따라 해당하는 학생이 자신의 이름을 횟수에 맞춰 대답합니다.

7 교사가 "셋"을 말할 때 첫 박을 쉬고 대답합니다.

8 교사가 "둘"을 말할 때는 첫 박과 둘째 박을 쉬고 대답합니다.

박
자

9 교사가 "하나"를 말할 때 셋째 박까지 쉬고 대답합니다.

10 친구들과 함께 놀이해봅시다.

11 두 박자 쉬고, 두 박자 안에 숫자 2개를 말하고 대답하는 놀이를 해봅시다.

12 다른 숫자로도 대답해봅시다.

13 일정한 리듬을 정하고 계이름으로 묻고 음을 맞춰 대답해봅시다.

14 두 박자 쉬고 두 박자 안에 숫자를 1에서 4까지 말하고 대답하는 놀이를 해봅시다.

선생님의 조언

- "팅 팅 팅팅, 탱 탱 탱탱, 팅팅탱탱, 프라이팬 놀이" 같은 전주로 활동을 시작하면 리듬 준비가 가능해 놀이하기 더 좋습니다.
- 4번 정도 묻고 답한 다음, 끊고 다시 시작합니다. 길게 이어서 하면 더 부담스러울 수 있습니다.
- 네 박자에서 여덟 박자로 늘려봅시다.
- 네 박이나 여덟 박으로 치는 동작을 다르게 바꿔봅시다.
- 네 박을 세 박으로 바꿔서 해봅시다.

수업 효과

- 음표와 쉼표의 위치를 잘 기억할 수 있습니다.
- 일정한 빠르기를 잘 유지할 수 있습니다.
- 친구들과 즐겁게 함께 리듬을 말하며 가까워집니다.
- 다른 친구에게 집중함으로써 관찰력이 좋아집니다.

찰칵! 놀이 속으로

 영상을 참고해 이름을 대답하는 타이밍이 많이 느려지지 않도록 합시다.

 놀이 숫자를 여덟으로 정한 영상입니다. 규칙을 조금씩 바꿔서 할 수도 있습니다.

10. 리듬 프라이팬 놀이 2

#숫자 #만 #부터 #까지 #빼기

☆ 3~6학년   👤 2명~다수   🕐 15~20분   💡 규칙, 창작

경청, 집중

박자

 '프라이팬 놀이'의 업그레이드! 새로운 말들로 놀아봐요!

🎺 활동 단계

1 '프라이팬 숫자 놀이'를 해봅시다.

2 "만"을 넣어서 제시하면 이름이 아닌 해당하는 숫자 하나만 제시하고, 하나만 대답해봅시다.

3 "부터"를 넣어서 제시하면, 제시된 숫자부터 넷까지 대답해봅시다.

4 "까지"를 넣어서 제시하면, 하나부터 제시된 숫자까지 대답해봅시다.

박자

5 "만", "부터", "까지" 중 두 가지를 섞어서
해봅시다.

6 세 가지를 모두 섞어서 해봅시다.

선생님의 조언

- "만"이 가장 쉽고, "부터"와 "까지"순으로 어려워집니다.
- 묻고 대답하는 시간에 여유를 두면 속도가 살짝 느려져서 준비할 시간이 생깁니다. 무
  조건 빠른 것이 좋은 것이 아님을 알고 놀이해봅시다.
- 네 박자에서 여덟 박자로 늘려봅시다.
- 새로운 규칙을 만들고 놀이해봅시다.

수업 효과

- 여러 리듬꼴을 쉽고 재미있게 경험하면서 리듬에 익숙해질 수 있습니다.
- 구체적인 '임무'에 반응할 경우 집중력이 높아집니다.

찰칵! 놀이 속으로

 숫자와 단어를 제시하는 타이밍이 중요합니다.

영상에서 참고하세요.

11. 리듬 아이 엠 그라운드

#리듬연주 #묻고대답

 5~6학년   2명~다수   5~10분   개념화, 창작

경청, 도전, 배려

 '아이 엠 그라운드 놀이'에 맞춰 리듬을 묻고 답해보기!

활동 단계

박
자

1 교사가 리듬을 제시하면, 학생들이 표현합니다.

2 교사가 리듬을 말하면, 학생들이 표현합니다.

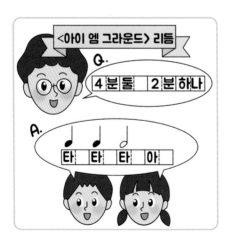 

3 '아이 엠 그라운드' 리듬에 맞춰 교사가 말하고 학생들이 표현합니다.

4 천천히, 1명은 문제 내고 다른 1명은 문제에 맞게 리듬을 여러 번 표현합니다.

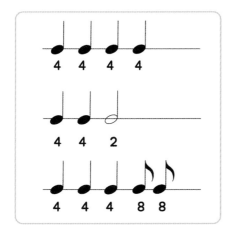

5 4분음표가 주로 쓰인 리듬으로 표현해 봅시다.

6 8분음표가 주로 쓰인 리듬으로 표현해 봅시다.

선생님의 조언

- 3단계가 어렵다면 다시 1, 2단계 활동을 해봅시다.
- 교사가 리듬을 제시할 때 말과 함께 리듬카드를 보여주는 것도 좋습니다.
- 학생들은 리듬 창작이 어려울 수 있습니다. 일부 리듬을 정해놓고 그중에서 문제를 냅시다.
- 쉼표를 넣어서 해봅시다.
- 카드 없이 말로만 도전!

수업 효과

- 일정한 박자에 맞춰 리듬을 창작할 수 있습니다.
- 말로 지시된 음표를 음악적인 신호로 바꿔서 표현해야 하므로 좌뇌와 우뇌를 고루 발달시킵니다.

찰칵! 놀이 속으로

박
자

 영상에서는 간단한 형태를 제시하였습니다. 수준에 따라 확

장해서 놀이할 수도 있습니다.

12. 3, 5, 7

#함께치기 #홀수박

☆ 4~6학년   👤 2명~다수   🕐 15~20분   💡 배수, 최대공약수, 협응

경청, 도전, 조화, 집중

세 박, 다섯 박, 일곱 박 등 홀수 박을 여럿이 함께 연주해봐요.

활동 단계

1 '손뼉, 왼가슴, 오른가슴 순서로 세박을 표현해봅시다.

2 손뼉, 왼가슴, 오른가슴, 왼무릎, 오른무 릎까지 다섯 박을 표현하고 왼발, 오른 발을 추가해 일곱 박을 표현해봅시다.

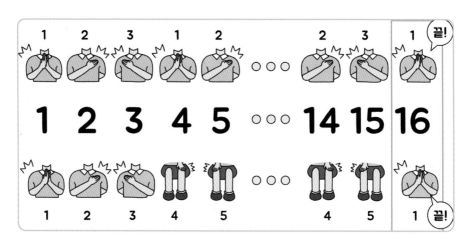

3 세 박과 다섯 박이 함께 시작해서 손뼉이 만날 때를 찾고, 그 순간 멈춰봅시다.

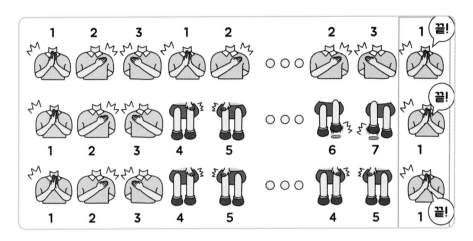

4 세 박과 일곱 박이 함께 시작해서 손뼉이 만날 때를 찾고, 그 순간 멈춰봅시다.

선생님의 조언

- 맞히기 어렵다면 손뼉이 맞는 수를 세어봅시다. 최소공배수를 찾아봐요!

  (예) 3, 5의 최소공배수=15, 3, 7의 최소공배수=21, 3, 5, 7의 최소공배수=105

- 서로 눈을 마주치면서 천천히 해봅시다. 서로를 잘 관찰해야 합니다.
- 여럿이 함께하면 더욱더 재미있습니다.
- 동작을 간단하게 만들어 두 박과 네 박을 더해봅시다.
- 3, 4명의 적은 인원으로 모둠을 만들어서 해봅시다.

수업 효과

- 일정한 빠르기로 박을 맞추면서 유지할 수 있습니다.
- 다른 성부의 연주에 주의를 기울이며 함께 음악을 만들 수 있습니다.
- 손뼉치기, 가슴치기, 무릎치기, 발 구르기 등 신체의 여러 부분을 활용해 타악기 소리를 낼 수 있습니다.
- 개인과 모두의 소리를 잘 들어야 하므로 친구들과 소통하며 함께 음악을 만들어볼 수 있습니다.

찰칵! 놀이 속으로

 조금 더 쉬운 버전의 몸으로 박자치기 영상입니다!
참고해보세요.

Chapter 5

가락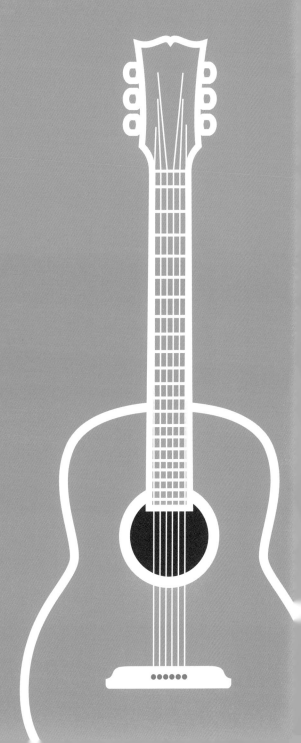

가락은 다른 말로 '멜로디'라고도 합니다. 가락놀이에서는 음, 음의 움직임, 음정을 가지고 놀지요. 앞의 놀이에 즐겁게 참여했다면 지금부터 할 놀이도 쉽게 할 수 있습니다.

　멜로디는 음과 음정이 가로로 리듬과 결합 · 나열된 것으로, 노래 또는 연주로 표현하고 싶은 선율을 가장 효과적으로 표현하는 수단입니다. 그러므로 선율을 잘 살리려면 정확한 음과 음정의 표현이 무엇보다 중요합니다.

　음은 공기의 떨림으로 소리가 만들어내는 일정한 높이를 가리키는데, 과학적으로는 진동수라고 말합니다. 사람이 들을 수 있는 초당 진동수의 범위 안에서 진동수가 많은 것은 높은음, 적은 것은 낮은음이라 합니다.

　음정은 음과 음 사이의 간격을 말합니다. 음은 하나의 음표로 나타낼 수 있는데, 2개 이상의 음이 다르게 나열되면 음정이라고 부릅니다. 멜로디가 있는 세상의 모든 음은 이 음과 음정이 나열된 것입니다. 음과 음정이 정확하지 않다면 멜로디도 정확할 수 없습니다. 그래서 음, 음정, 멜로디를 정확하게 기억하고 표현하는 놀이는 음악을 잘 표현하는 데 도움이 됩니다.

　멜로디 놀이의 흐름은 다음과 같습니다.

　첫 번째로 일정한 음을 소리내거나 높낮이를 구별합니다. 사람에 따라 음의 높낮이 구별 능력이 다릅니다. 우선 음을 구별할 수 있어야 계이름 사용 놀이도 잘될 수 있습니다.

두 번째는 몸을 움직이면서 계이름으로 노래해보는 놀이입니다. 여러 나라의 음악 교실에서 쓰고 있는 손 기호, 몸 계이름, 손가락 오선을 사용합니다. 계이름으로 노래하면 정확한 음감을 지닐 수 있습니다. 몸을 움직이고, 머리로는 계이름을 생각하며 노래하는 복합적인 놀이입니다.

세 번째로는 계이름으로 가락을 만드는 놀이입니다. 앞사람이 만든 가락의 끝음을 이어 소리내거나, 규칙을 정해서 가락을 만들어봅니다. 규칙에 맞게 음을 말할 때 음이 맞는 음인지도 생각해야 합니다. '시장에 가면', '빙고 놀이'는 가락을 기억하고, 정확하게 표현하는 놀이입니다. 제시된 가락을 차분하게 잘 듣고, 기억하고 노래합니다.

가락으로 하는 놀이는 리듬놀이에 비해 조금 어색하게 느껴질 수도 있지만, 우리 주변에는 이미 계이름을 사용한 음악이 가득합니다. 가락놀이를 마치고 나면 세상의 음악이 더 친근해질 것입니다. 대신 목에 무리가 가지 않도록 신경 써야 합니다. 목이 덜 풀린 상태로 가락놀이를 하면 목이 상할 수도 있으니까요.

1. 가락선 따라 음 내기

#가락선 #시작음

☆ 3~4학년　　👤 1명~다수　　🕐 5~10분　　💡 높낮이 구분, 음높이

성찰, 집중, 창의

놀이
설명

기준음을 정하고 손가락이 만드는 가락선에 따라 음높이를 정해 소리내봅시다.

🎵
가
락

1. 가락선 따라 음 내기　175

활동 단계

1 교사가 눈높이에 맞춰 손가락을 들고, 일정한 음으로 "우" 소리를 내면 학생들도 교사를 따라 합니다.

2 교사가 ①의 높이보다 손가락을 높거나 낮게 움직이면서 "우" 소리를 높거나 낮게 내면 학생들도 따라 합니다.

3 손가락을 아래에서 위로 움직이면서 높낮이를 느껴보고, "우" 소리를 내봅시다.

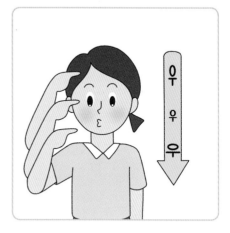

4 손가락을 위에서 아래로 움직이면서 높낮이를 느껴보고, "우" 소리를 내봅시다.

5 손가락을 아래에서부터 위로 점 찍듯이 움직이면서 음높이를 구분해보고, "우" 소리를 내봅시다.

6 손가락을 위에서부터 아래로 점찍듯이 움직이면서 음높이를 구분해보고, "우" 소리를 내봅시다.

선생님의 조언

■ 기준음이 너무 높거나 낮아서는 안 됩니다.

■ 작은 소리로 음을 느끼면 더 쉽습니다.

■ 처음에는 높낮이에 해당하는 음을 2, 3가지만 정하여 그 음으로 활동해봅시다.

■ 가락선을 상상하며 소리내봅시다.

■ 우리 주변 사물들의 직선과 곡선을 따라 소리내봅시다.

수업 효과

■ 시각 요소로 소리의 높낮이를 느끼는 첫 단계입니다.

■ 몸을 활용해 음의 변화를 느낄 수 있습니다.

■ 소리에 더욱더 예민해질 뿐만 아니라 집중하는 힘도 높아집니다.

■ 손가락 움직임에 따른 소리 변화를 예상해보고, 내 몸을 조절해서 소리내봅시다.

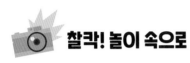

찰칵! 놀이 속으로

가
락

영상에 나오는 사람을 1명 정해서 천천히 같이 따라 해
보세요. 더 쉽게 할 수 있습니다.

2. 음높이 구분하기

#YesorNO #청기백기

 3~5학년   1명~다수   5~10분   높낮이 구분

성찰, 집중

 놀이설명 기준음을 정하고 높은음과 낮은음을 구별해봅시다.

가락

🎺 활동 단계

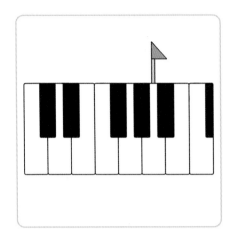

1 목소리나 피아노로 한 음을 정하여 소리 내봅시다. 예를 들어, 라!

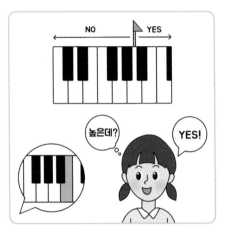

2 교사가 기준음보다 높은음을 낼 경우 'YES', 같거나 낮은음을 낼 경우 'No'라 고 대답합니다.

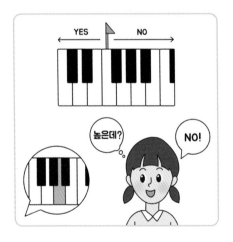

3 기준음을 바꿔 거꾸로 해봅니다.

4 높은음의 경우 오른손을 들기, 낮은음의 경우 왼손을 들기로 정합니다.

5 청기, 백기로 반응해봅시다.

6 앉았다 일어났다 등 여러 방법으로 반응해봅시다.

가
락

선생님의 조언

- 처음에는 기준음 외에도 2, 3개의 음을 더 들려주고 활동합니다.
- 피아노나 기타 등 악기 소리로 음의 높낮이를 확인합니다.
- 목소리로 문제를 내고 맞추어봅시다.
- 기준음과 제시되는 음들을 계이름을 활용해서 활동해봅시다.
- 기준음을 자주 바꿔가며 놀아봅시다. 상대 음감을 높이는 데 큰 도움이 됩니다.

수업 효과

- 기준음보다 높은음과 낮은음을 상대적으로 구별하고 음에 대해 자세히 알 수 있습니다.
- 음정 차이를 구분할 수 있습니다.
- 소리의 높낮이를 구분하려다 보면 주의 깊게, 집중해서 들어야 합니다. 듣기 능력과 함께 집중력이 향상됩니다.

찰칵! 놀이 속으로

 영상과 함께 기준음을 잘 듣고 높낮이를 구분하는 활동을 해보세요.

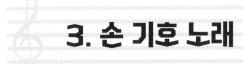

3. 손 기호 노래

#도레미파솔 #도레미송

☆ 3~6학년   👤 2명~다수   🕐 10~15분   💡 온음과 반음, 장음계

도전, 자존, 집중

 놀이 설명 장음계 계이름의 손 기호를 노래로 부르며 익혀봐요!

가 락

활동 단계

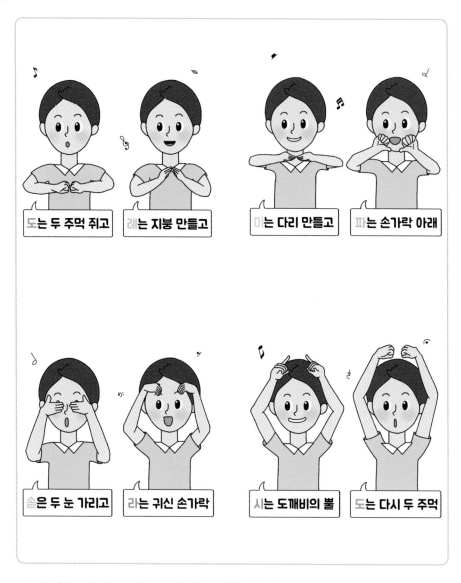

도는 두 주먹 쥐고

레는 지붕 만들고

미는 다리 만들고

파는 손가락 아래

솔은 두 눈 가리고

라는 귀신 손가락

시는 도깨비의 뿔

도는 다시 두 주먹

1 <도레미 노래>에 손 기호 가사를 넣어 노래 불러봅시다.

가
락

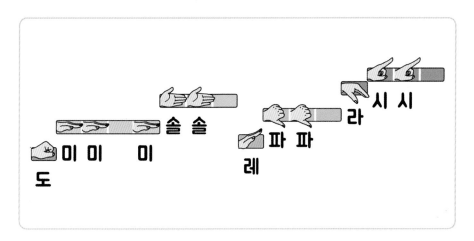

2 위 가락에 이어 솔도라파 미도레 솔도라시 도레도 가락을 손동작과 함께 불러봅시다.

선생님의 조언

- 잘 외워지지 않더라도 여러 번 노래 부르면서 천천히 외워봅니다.
- 처음에는 교사가 아이들에게 노래 부르며 손 모양을 여러 번 보여주면 더 쉽습니다.
- 두 모둠으로 나누어 한 모둠씩 주고받으며 노래와 함께 동작해봅시다.
- 돌아가면서 1명씩 "도, 레, 미" 해당하는 부분의 노래와 동작을 해봅시다.

수업 효과

- 노래하며 장음계를 배워 쉽게 익힐 수 있을 뿐만 아니라 즐겁게 음악활동에 참여할 수 있습니다.
- 손 기호를 인식하고 정확한 음정으로 소리낼 수 있습니다.

찰칵! 놀이 속으로

♪ 가 락

 영상을 보면서 같이 따라 해봅시다.

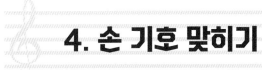

4. 손 기호 맞히기

#손가락계이름

 3~5학년 　 2명~다수 　 10~15분 　계이름, 손 기호

경청, 집중, 창의

 놀이설명　손 기호 계이름 문제를 내고 맞혀봐요!

 **활동 단계**

1 손 기호 노래로 계이름을 모두 확인한 뒤, 교사가 손으로 제시한 계이름을 맞혀 봅시다.

2 교사가 말한 계이름을 손 기호로 만들어 봅시다.

3 교사가 말한 계이름에 맞게 소리내며 손 기호를 만들어봅시다.

4 친구가 손으로 제시한 계이름을 맞혀봅 시다.

5 친구들과 함께 ②, ③, ④ 방법으로 놀이 해봅시다.

6 2~4개의 음을 동시에 제시하면, 순서대로 소리내며 손 기호를 만들어봅시다.

선생님의 조언

- 손 기호를 기억하지 못하는 경우, 손 기호 노래를 여러 방법으로 더 불러봅시다.
- 교실 앞에 손 기호를 게시하면 학생들이 참고할 수 있습니다.
- 전체 음이 아니라 "도", "솔" 등 일부 음만 가지고 할 수도 있습니다.
- 교사와 학생으로도, 학생끼리 모둠을 나눠서도 놀이할 수 있습니다. 여러 형태로 놀이 해봅시다.
- "솔" 또는 쉼표 꼭 사용하기 등 다양한 임무를 넣어 놀 수도 있습니다.

수업 효과

- 음정을 쉽고 재미있게 익힐 수 있습니다.
- 상대 음감을 기르는 데 도움이 됩니다.
- 친구들과 함께 음정 활동에 즐겁게 참여합니다.
- 제시한 계이름을 잘 기억하고 정확하게 노래하는 능력이 생깁니다.

찰칵! 놀이 속으로

 여러 단계로 나눠서 활동할 수 있습니다. 여러 단계의 영상을 참고하세요.

가
락

5. 몸 계이름

#계이름 #노래 #신체계이름

☆ 3~4학년   👤 2명~다수   🕐 5~10분   💡 계이름, 몸 신호, 장음계

경청, 집중, 창의

 놀이설명   몸 계이름을 배우고 재미있는 놀이 활동을 해봅시다.

활동 단계

1 발부터 머리까지 몸 계이름을 확인해봅시다. 익숙해지면 <비행기>, <작은 별> 등의 간단한 노래를 몸 계이름으로 노래해봅시다.

2 1명이 몸 계이름으로 한두 마디를 나타 내면, 다른 학생들이 무슨 음인지 맞혀 봅시다.

3 1명이 노래 1곡을 정해서 몸 계이름으로 문제를 내면, 어떤 곡인지 맞혀봅시다.

선생님의 조언

- 아이들이 몸 계이름을 어려워한다면, 간단한 노래부터 익혀봅시다.
- 위아래로 몸을 많이 쓰기 때문에 박자 맞추기가 어렵습니다. 가급적 느린 속도로 일정 한 박을 맞추도록 합니다.
- 앉은 자세로 왼어깨(도), 왼팔(레), 왼쪽 다리 바깥 허벅지(미), 안쪽 허벅지(파), 오른쪽 다리 안쪽 허벅지(솔), 바깥쪽 허벅지(라), 오른팔(시), 오른어깨(도)를 활용해서 활동해 봅시다.
- 더 높은음이나 낮은음을 새로 만들어서 해봅시다.
- 여러 명이 함께 하나의 노래를 이어 부르고, 몸 계이름으로 표현도 해봅시다.

수업 효과

- 노래의 계이름을 쉽고 빠르게 외울 수 있습니다.
- 음과 음 사이의 간격을 이해할 수 있습니다.
- 몸을 많이 사용함으로써 지루하지 않고, 즐겁게 활동에 참여할 수 있습니다.

찰칵! 놀이 속으로

 영상에서 몸 계이름의 손 위치를 확인해보세요.

6. 손가락 오선

#손가락노래

 5~6학년   2명~다수   10~15분   계이름, 낮은음자리,
높은음자리, 오선악보

경청, 집중, 창의

 손가락을 활용한 계이름으로 노래 불러봅시다.

🎺 활동 단계

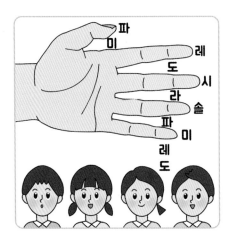

1 노래하며 손가락 계이름을 하나하나 확인합니다.

2 손가락을 5개 모두 펴고, 하나씩 가리키며 음계를 불러봅시다.

가
락

3 손가락을 가리키면 다른 학생들은 무슨 음인지 말하거나 소리내봅니다.

4 2~4개의 음을 하나씩 가리켜보고, 차례대로 무슨 음인지 말하거나 소리내봅시다.

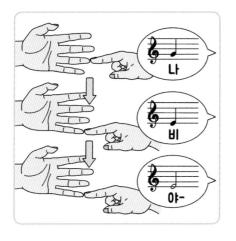

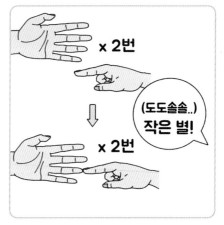

5 손가락 계이름을 가리키며 간단한 동요를 불러봅시다.

6 손가락이 가리키는 계이름이 무슨 노래인지 맞혀봅시다.

선생님의 조언

■ 손가락에 스티커나 포스트잇으로 계이름을 붙이면 쉽게 시작할 수 있습니다.
■ 활동이 어렵다면 "도"부터 "미"까지, 또는 "솔"부터 "도"까지 일부 음만으로 활동하는 것도 괜찮습니다.
■ 교사와 학생 전체 또는 학생끼리 모둠을 나눠 활동해봅시다.

수업 효과

■ 음계 연습과 악보 보는 활동을 함께 할 수 있습니다.
■ 오선과 연결된 활동이므로 나중에 오선 악보를 보기 쉬워집니다.
■ 계이름을 인지하고 정확하게 소리내는 단계에서 오선 악보를 시각화, 개념화할 수 있습니다.

찰칵! 놀이 속으로

가
락

 손가락의 위치를 잘 지정하는 것이 중요합니다.

 손가락 오선 활동 후 악보 읽기 테스트에 좋은 영상입니다.

7. 음 이어 가락 전달하기

#끝에서두번째음잇기 #끝음잇기

 4~6학년   2명~다수   10~15분   규칙 확장, 릴레이, 음 기억

경청, 조화, 창의

 놀이 설명   앞사람의 가락에 이어서 가락을 만들어봅시다.

🎺 활동 단계

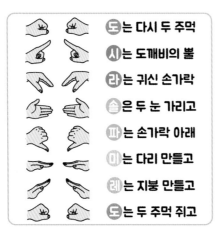

도는 다시 두 주먹
시는 도깨비의 뿔
라는 귀신 손가락
솔은 두 눈 가리고
파는 손가락 아래
미는 다리 만들고
레는 지붕 만들고
도는 두 주먹 쥐고

1 손 기호를 하며 도부터 높은 도까지 소리 내 봅시다.

도 레 미 도

도를 기억해!

2 첫 번째 사람이 4개의 음을 자유롭게 골 라 가락을 만듭니다.

도-

3 다 같이 마지막 음을 길게 소리냅니다.

도 솔 미 솔

4 다음 사람이 방금 전의 그 음에다가 다 른 3개의 음을 더해서 네 박자, 한 마디 의 가락을 만듭니다.

5 음이 틀릴 경우 다른 사람들이 바른 음을 소리내줍니다.

6 같은 방식으로 가락을 계속 이어나가봅시다.

선생님의 조언

■ 가락 만들기가 어렵다면 ①번 활동을 충분히 여러 번 해봅니다.

■ ③번 활동은 다음 사람의 가락 준비에 큰 도움이 됩니다.

■ 교사가 피아노로 틀린 음을 확인해줄 수 있습니다. 틀린 경우 함께 올바른 가락을 표현하게 도와줍니다.

■ 끝에서 두 번째 음 또는 한 음 위로 시작하기 등 규칙을 바꿔 활동할 수도 있습니다.

수업 효과

■ 가락을 직접 만들고, 확인할 수 있습니다. 상대 음정도 매우 좋아집니다.

■ 잘하고 못하는 사람을 가르지 않고, 모두 잘하기 위해 노력하면서 협동심을 배웁니다.

■ 친구의 표현음을 차분히 듣고, 내가 표현할 음을 정함으로써 생각과 표현을 연결할 힘이 생깁니다.

찰칵! 놀이 속으로

 영상에서처럼 마지막 음을 잘 듣는 일이 아주 중요합니다.
또 어려워하는 친구는 다른 친구들이 다 같이 도와줘요.

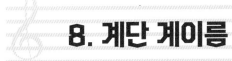

8. 계단 계이름

#도도레도 #손뼉치기 #음생략

4~6학년   2명~다수   15~20분   계이름, 음정, 장음계

도전, 성찰, 집중

 "도"부터 한 음씩 더하는 방법으로 계단 계이름 놀이를 해봅시다.

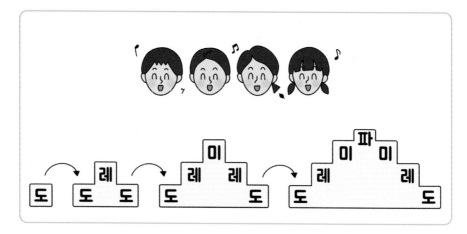

1 도, 도레도, 도레미레도, 도레미파미레도 등 음을 확인하며 소리내봅시다.

가
락

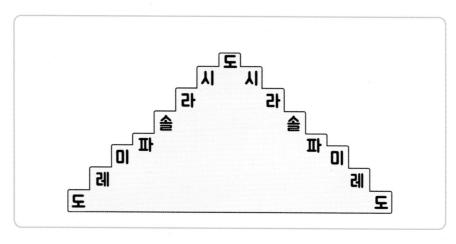

2 솔, 라, 시, 도를 더해서 도레미파솔라시도시라솔파미레도를 소리내봅시다.

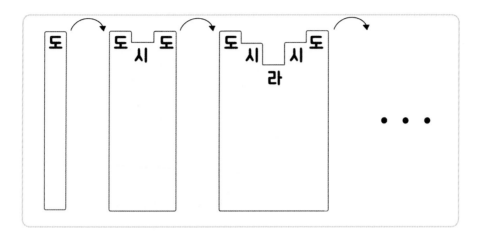

3 도, 도시도, 도시라시도, 도시라솔라시도같이 위에서 아래로 거꾸로 해봅시다.

선생님의 조언

■ 정확하게 하는 것이 가장 중요합니다. 악기로 음을 확인하면 음을 더 정확하게 표현할 수 있습니다.
■ 내려오는 것이 더 어렵습니다. 올라가는 활동을 충분히 합시다.
■ 두 모둠으로 나뉘어 한 모둠의 "도도레도"가 끝날 때 다른 모둠이 바로 이어 돌림노래를 불러봅시다.
■ 음을 하나씩 생략해봅시다. 중간음인 "미", "파", "솔", "라", "시" 중 하나를 생략해보세요.
■ "라"부터 시작해서 단음계로 노래해봅시다.

수업 효과

■ 장음계를 익히기에 매우 효과적입니다.
■ 음을 확인하며 소리내는 습관이 생깁니다.
■ 친구들과 함께 음계 활동을 하므로 잘못된 음을 수정할 수 있습니다.
■ 생략하기 활동의 경우 생략음을 놓치지 않아야 하므로 집중력이 좋아집니다.

찰칵! 놀이 속으로

 영상을 보면서 함께 천천히 해보세요.

 다른 나라에서는 이렇게 숫자로도 많이 합니다.

9. 가락 시장에 가면

#가락활동 #음정활동

 5~6학년　 4명~다수　🕐 15~20분　💡 계이름, 기억과 모방, 릴레이

성찰, 조화, 창의

 놀이 설명　4명이서 가락을 이어 '시장에 가면' 놀이를 해봅시다. 8명까지 가면 대성공!

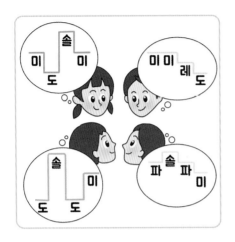

1 둥글게 앉아 자신이 소리내고 싶은 한 마디 가락을 생각해봅시다.

2 첫 번째 사람이 한 마디 가락을 계이름으로 노래합니다.

가
락

3 두 번째 사람이 첫 번째 사람이 노래한 계이름 가락에 자신이 생각한 가락을 이어 노래합니다.

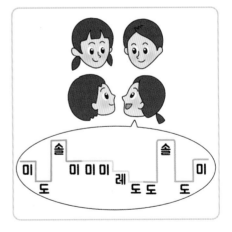

4 세 번째 사람은 사람이 첫 번째, 두 번째 사람이 노래한 계이름 가락에 자신이 생각한 가락을 이어 노래합니다.

5 계속 이어서 4명이나 8명이 성공할 때
까지 쌓아갑니다.

6 순서를 바꿔서 해봅시다.

선생님의 조언

- 시작하는 사람은 쉬운 가락을 사용합니다.
- 자신이 꺼낼 계이름 가락을 미리 정하면 자연스럽게 활동이 이어질 수 있습니다.
- 가락을 기억하기 어려운 경우, 손 기호와 함께 노래하면 더 쉽습니다.
- 가락이 정해진 뒤, 자리 배치를 바꿔봅시다.
- 표현한 친구가 다른 친구를 가리키면서 무작위로 가락을 쌓아봅시다.

수업 효과

- 가락을 기억하고 정확하게 표현하는 능력이 높아집니다.
- 다양한 음정을 쉽게 경험할 수 있습니다.
- 가락을 듣고 기억해야 하므로 집중력이 좋아집니다.
- 입 모양, 음, 가락의 흐름을 잘 관찰하고 기억하면서 친구에 대해 더 이해할 수 있습니다.

찰칵! 놀이 속으로

아이들이 서로의 소리를 잘 듣고 표현하는 모습을 볼 수 있어요.

10. 가락 빙고

#가락만들기 #가락제시

5~6학년   4명~다수   15~20분   가락, 계이름, 기억

경청, 집중

놀이
설명
가락을 잘 듣고, 빙고 놀이를 해봅시다.

가
락

활동 단계

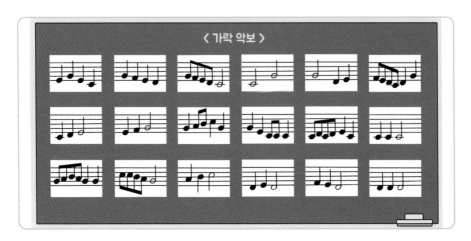

〈 가락 악보 〉

1 4박자의 가락 악보를 계이름으로 읽어보고, 음을 넣어 표현해봅시다. 부록 272쪽에 있는 다른 악보도 참고하세요.

2 악보를 보고 2번씩 음을 소리내보며 어떤 가락인지 확인합니다.

내가 실제로 부를 수 있는 것으로, 잘 보고 그리자!

3 제시된 가락 몇 개를 골라 오선이 그려진 빙고판에 적습니다.

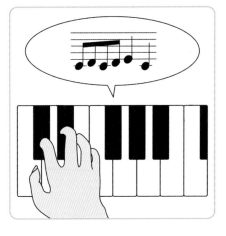

4 한 사람씩 돌아가면서 노래하고, 다른 사람은 표시합니다.

5 가락이 맞는지 악기로 확인합니다.

선생님의 조언

- 가락의 기억과 표현이 어려울 수 있습니다. 손가락 오선을 활용하면 도움이 됩니다.
- 4분음표 4개로 표현하기 어려운 경우, 더 간단한 리듬으로 통일하여 사용하면 좋습니다.
- 리듬을 조금 더 다양하게 사용해봅시다.
- 빙고판의 크기를 3×3에서 5×5까지 다르게 해봅시다.

수업 효과

- 가락을 듣고 표현하면서 음을 상상하는 능력을 키울 수 있습니다.
- 내가 원하는 가락을 악보로 그릴 수 있습니다.
- 주어진 가락을 듣고 분간하는 힘이 좋아집니다.
- 새로운 가락을 창작하는 능력이 길러집니다.

찰칵! 놀이 속으로

 [The Singing School : Sight Singing Practice] 빙고 전에 이렇게 가락을 노래해봅시다.

가
락

Chapter 6
화음

지금부터 함께해볼 놀이는 2개 이상의 음을 차례나 동시로 연주하면서 생기는 음정과 이런 음정들로 만들어지는 다성부 화음을 가지고 노는 활동입니다.

화음은 높이가 다른 2개 이상의 음이 동시에 울려서 나는 소리를 가리킵니다. 화음은 기능적으로 음악의 색깔을 만드는 역할을 주로 합니다. 화음이 있을 때, 리듬과 가락은 그에 어울리는 옷을 입습니다. 화음을 잘 이해하고 표현할 수 있다면 음악의 즐거움과 감동을 함께 키울 수 있습니다.

화음놀이는 이 책에서 제시하는 놀이 중 가장 어려운 놀이입니다. 다른 놀이에 비하여 '맞고 틀리고', '잘하고 못하고'보다 '함께 잘하기', '잘 느껴보기' 등이 중요합니다.

첫 번째 단계는 다성부를 경험하는 놀이입니다. 친구와 함께 말리듬, 빠르기, 세기 조절을 하며 같이 음악을 만드는 계란말이 놀이를 해봅니다.

두 번째는 음정을 여러 방법으로 표현하는 놀이입니다. 말로 하면 음을 넣어 대답하거나, 손가락으로 2개 이상의 음을 소리내면서 음정을 경험합니다. 여럿이 함께하면서 틀린 친구들을 도와줍니다.

세 번째는 화음을 느껴보는 활동입니다. 여러 방법으로 노래를 부르면서 순간의 화음을 경험해봅니다. 또 그렇게 노래하면서 친구들과 다성부 노래를 완성합니다. 서로의 소리를 잘 듣고, 빠르기와 세기를 맞춰 노래하며, 모둠별로 경쟁할 수도 있습니다.

네 번째는 스스로의 마음과 소리에 집중해보는 놀이입니다. 앞선 놀이들에서도 내 소리에 잘 집중해야 하지만, '도미솔 친구 만나기'나 '빠르기가 다른 곰 세 마리 같이 부르기'는 내 소리에 아주 주의 깊게 귀 기울여야만 합니다. 서두르지 않고 천천히 '우리가 만드는 화음'을 느껴봅시다.

　마지막으로는 가장 어려운 놀이들을 해볼 것입니다. 손과 함께 노래해봅니다. 입으로는 "도도솔솔"을 노래하는데 손은 "도"를 길게 해야 합니다. 또 일정한 규칙을 정해서 가락을 보면서 바로 화음을 만들어봅니다. 친구와의 어울림으로 시작해서, 내 마음의 소리에 집중하고, 내 몸으로 다성부 만들어보기까지 하면, 이제 음악놀이의 달인이라고 자부해도 됩니다!

1. 계란말이

#다성부 #말리듬 #아카펠라 #음식

⭐ 5~6학년   👤 4명~다수   🕐 10~15분   💡 배열, 조화, 창작

도전, 배려, 협동

 놀이 설명   밥, 콩밥, 초밥, 김칫국, 사이다, 계란말이로 음식 아카펠라를!

화음

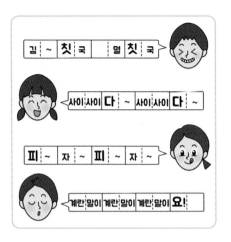

1 다양한 음식 이름으로 말리듬을 만들어
봅시다.

2 만든 말리듬을 2개씩 합쳐서 여러 번 반
복해봅시다.

화
음

3 말리듬을 3, 4개씩 합쳐서 여러 번 반복
해봅시다.

4 빨라지지 않고, 함께 맞춰서 4번 이상
반복하여 연주하면 성공!

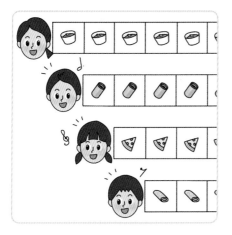

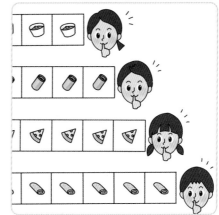

5 1명씩 릴레이로 시작해봅시다.

6 다 함께 연주하다가 1명씩 릴레이로 끝마쳐 봅시다.

선생님의 조언

- 2개씩, 다양한 조합으로 소리내면서 다른 성부를 들어봅시다.
- 작은 목소리로 소리의 어울림을 느껴봅니다.
- 음이 강하게 들리는 것보다 말이 잘 들리는 것이 중요합니다.
- 반복하면서 크고 작게, 빠르게 느리게 변화를 만들어봅시다.
- ⑤와 ⑥처럼 시작하고 끝내는 법을 정해봅시다.

수업 효과

- 함께 다성부를 만들면서 다른 성부의 소리를 잘 들을 수 있습니다.
- 소리의 어울림을 느끼면서 자기 성부를 유지하는 힘이 좋아집니다.
- 다양한 성부 속에서 자신과 다른 소리의 어울림을 느낄 수 있습니다.
- 재미있는 말리듬을 창의적으로 만들 수 있습니다.

화음

찰칵! 놀이 속으로

 리듬 타며 활동하는 모습이 보이시죠? 리듬을 잘 타는 것이 중요합니다.

2. 계이름 맞히기

#손기호 #만 #넣기 #빼기

5~6학년   2명~다수   15~20분   계이름, 음정

경청, 성찰, 조화

 1명이 제시하는 계이름 신호를 보고 음에 맞게 표현해봅시다.

 화음

🎺 활동 단계

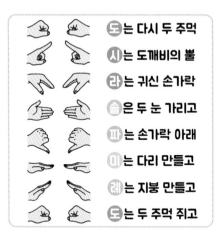

도는 다시 두 주먹
시는 도깨비의 뿔
라는 귀신 손가락
솔은 두 눈 가리고
파는 손가락 아래
미는 다리 만들고
레는 지붕 만들고
도는 두 주먹 쥐고

1 손 기호 노래를 부르면서 계이름을 잘 표현할 수 있는지 확인해봅시다.

도 미 솔

2 1명이 2, 3개의 음을 마음으로 정하고, 손 기호로 제시합니다.

화음

도 미 솔

3 다른 사람들의 계이름을 기억하고 음높이에 맞게 소리내봅시다.

도랑 솔만 가지고 문제를 내려면?

도도솔?
솔솔도?
솔도솔?
도솔도?

4 도와 솔 2개의 음으로만 문제를 내고 맞혀봅시다.

5 자유롭게 음을 선택하되 꼭 미를 넣어서 문제 내고 맞혀봅시다.

6 자유롭게 음을 선택하되 파는 뺀 채 문제 내고 맞혀봅시다.

선생님의 조언

- 처음에는 2개 음으로만 놀이 활동을 하다가 점차 늘려갑니다.
- "~만"이 가장 쉬운 활동이므로 먼저 해보는 것이 좋습니다.
- 악기로 음을 확인하면 더 쉽습니다.
- 1명이 문제를 내고, 맞히는 사람은 여럿으로 시작합니다. 그러다 점차 맞히는 사람의 숫자를 줄여봅시다.

수업 효과

- 여러 계이름을 기억하고 표현함으로써 마음속으로 음을 생각하는 능력이 좋아집니다.
- 다양한 음정을 표현할 수 있습니다.
- 집중해서 계이름을 듣고 기억해야 하므로 음과 가락을 외우는 능력이 향상됩니다.
- 놀이를 통해 친구들을 도와 함께 소리내면서 배려와 협동을 배울 수 있습니다.

화음

찰칵! 놀이 속으로

 영상을 멈춰가며 함께 문제를 풀어보세요.

화음

3. 손가락 음정

#3도 #4도 #5도 #반음 #온음

 5~6학년   4명~다수   10~15분   배열, 조화, 창작

성찰, 자존, 집중

 다 함께 손가락으로 음정을 표시하며 정확하게 소리내기 도전!

화
음

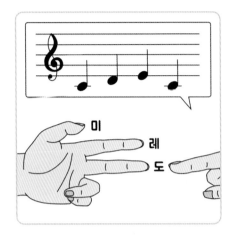

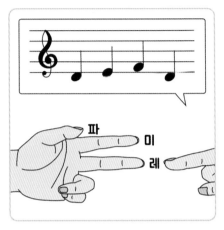

1 왼손으로 엄지, 검지, 중지를 벌리고, 오른손으로 가리키며 도레미도 소리를 내 봅시다.

2 레미파레 소리를 내봅시다. 라시도라도 같은 방법으로 해봅시다.

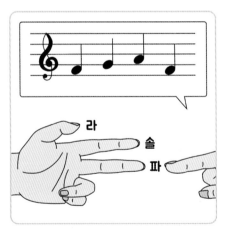

3 미파솔미 소리를 내봅시다.

4 파솔라파 소리를 내봅시다. 솔라시솔도 같은 방법으로 해봅시다.

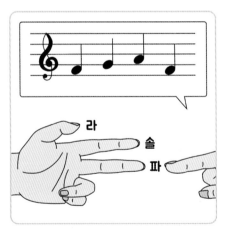활동 단계

화음

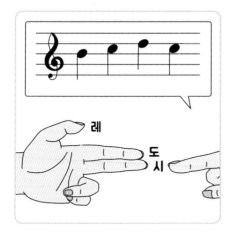

5 시도레시 소리를 내봅시다.

6 다 함께 도레미도에서부터 시도레시도 까지 틀리지 않고 해봅시다.

선생님의 조언

▪ 처음에는 "도레미도"부터 "미파솔미"까지 세 가지 가락 성공하기로 시작합니다.

▪ 누가 잘하고 못하고보다 다 함께 정해진 가락까지 완성하는 데 초점을 맞춥니다.

▪ 어렵다면 1명이 피아노로 가락을 연주하면서 노래하는 것도 좋습니다.

▪ 3도음정 가락이 익숙해지면, 4도음정 가락과 5도음정 가락도 해봅시다.

▪ 중간음을 빼고 해봅시다.

　(예) "도레미도"에서 "레"를 빼고 하기

수업 효과

▪ 계이름으로 주도적인 노래 부르기 활동을 하면 음정이 매우 좋아집니다.

▪ 친구들이 하는 활동을 관찰하면서 계속 음을 생각하고 예상하게 됩니다.

▪ 자기 소리를 파악함과 동시에 음을 소리낼 수 있습니다.

화
음

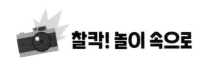

찰칵! 놀이 속으로

 손가락 사이의 거리를 활용하면서 음과 음 사이의 관계를 살펴봅니다.

4. 음으로 묻고 답하기

#가락 #약속

 5~6학년   2명~다수   🕐 15~20분   💡 계이름, 규칙, 쉼표, 음표

경청, 조화, 집중

 약속을 정한 다음, 약속대로 가락 묻고 답하기!

1 가락을 묻고 답하기 전에 일정한 규칙을 정합니다.

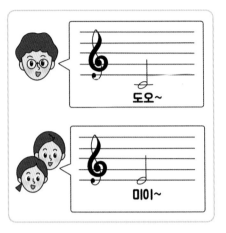

2 예를 들면, 선생님이 도를 제시하면 학생은 는 미로 바꿔 대답합니다.

3 또는, 반대로 대답하는 규칙을 정해서 선생님이 도레미를 제시하면 학생은 미레도로 대답합니다.

4 2분음표를 쉼표로 바꿔 대답하는 것도 가능합니다!

화음

5 도는 미, 레는 파 등 3도 위의 음으로 대답하는 것도 약속할 수 있겠죠.

6 돌아가면서 문제를 내고 여럿이 대답해봅시다.

선생님의 조언

▤ 처음에는 한두 음으로만 가락을 만들고 규칙을 정해 대답해봅시다.

▤ 활동 ③은 가락을 미리 만들어봅시다.

▤ 여럿이서 하다가 1명이 문제를 내고, 1명이 대답하는 형태로도 해봅시다.

▤ 다른 규칙도 정해서 활동해봅시다.

수업 효과

▤ 여러 방법으로 음을 대답하면서 음정 표현 능력이 좋아집니다.

▤ 규칙을 이해하고, 규칙에 맞게 묻고 대답함으로써 음악적으로 생각하고 판단할 수 있습니다.

화음

찰칵! 놀이 속으로

 규칙을 어떻게 정하느냐가 매우 중요합니다. 영상을 보면서 함께해봅시다.

5. 다른 노래 함께 부르기

#같은화음 #비행기 #송아지

4~6학년   2명~다수   10~15분   같은 화음, 비슷한 가락

경청, 배려, 조화

 다른 노래를 함께 불러서 화음 만들기 도전!

화
음

1 <비행기>, <얼룩송아지> 노래를 따로따로 다 함께 불러봅시다.

2 일부는 <비행기>를 부르고, 다른 일부는 <얼룩송아지>를 동시에 시작해 함께 불러봅시다.

화음

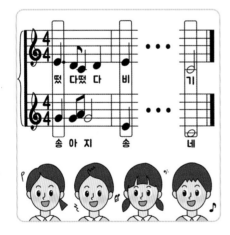

3 노래의 시작, 중간 마디마다 넘어갈 때, 끝이 잘 맞는지 확인하며 다시 불러봅시다.

4 <산토끼>와 <얼룩송아지> 노래를 같은 방식으로 불러봅시다.

5 <설날>과 <엄마 돼지 아기 돼지> 노래를 불러봅시다.

6 처음부터 끝까지 틀리지 않고 서로의 가락이 모두 잘 유지되면 성공!

선생님의 조언

- 처음에는 학생 전체와 교사로 두 성부를 나눠서 불러봅니다.
- 짧은 노래들로 천천히 부르면서 다성부를 충분히 경험합니다.
- 아이들이 부르기 좋은 음높이로 노래합니다.
- 두 노래의 화음이 잘 느껴지도록 소리 크기, 음높이에 신경 써서 부릅니다.
- 노래를 계이름으로 불러봅니다. 화음 이해에 도움이 됩니다.
- 노랫말을 "우"로 바꿔서 불러봅시다.
- <대니 보이(Danny Boy)>와 <애니로리(Anny Rorie)>, <어머님 은혜>와 <겨울나무>, <종달새의 하루>와 <서로서로 도와가며>를 같은 방법으로 함께 불러봅시다.

수업 효과

- 화음이 다른 두 곡을 같이 부르며 다양한 화음을 경험합니다.
- 두 노래가 만드는 어울림에서 소리의 균형과 조화를 경험합니다.
- 다른 노래를 들으면서 내 노래를 유지하는 힘이 생깁니다.
- 조금 어렵더라도 어울림을 잘 느끼며 다른 노래 함께 부르기를 도전해봅니다.

화음

찰칵! 놀이 속으로

 노래를 충분히 익히고 활동해야 좋습니다. 영상을 틀어놓고
한 가지 노래만 불러보는 연습도 좋습니다.

화음

6. 돌림노래 놀이

#손놀이 #함께끝내기

 4~6학년   2명~다수   🕐 10~15분   💡 같은 화음, 비슷한 가락

도전, 배려, 협동

 여러 방법으로 돌림노래를 불러봅시다!

화음

활동 단계

1 <곰 세 마리> 노래를 모두 함께 불러봅시다.

2 노래 부르며 손동작을 해봅시다.

화
음

3 2, 3모둠으로 나눠서 동작과 함께 돌림노래를 불러봅시다.

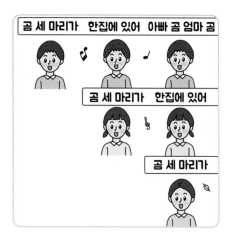

4 2, 3모둠으로 나누고 시작하는 순서를 정해 함께 돌림노래로 불러봅시다.

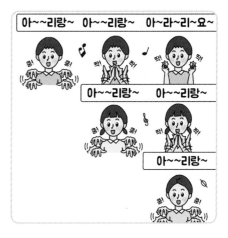

5 돌림노래를 부르다가 미리 약속한 일정 부분의 음을 길게 지속하면서 함께 화음을 느껴봅시다.

6 <아리랑>을 위와 같은 방법으로 불러봅시다.

선생님의 조언

■ 돌림노래로 노래 전체를 부르기 전에 먼저 네 마디나 여덟 마디만 도전해보세요.

■ 동작은 가급적 기억하기 좋게, 순서나 흐름이 있는 것으로 정합니다.

■ 처음에는 두 성부로만 돌림노래를 하고, 점차 늘려가는 것이 좋습니다.

■ 가사를 모두 "우"로 바꿔서 어울림을 느끼며 돌림노래에 도전해봅시다. 가사 없이 부를 때는 현재 내가 부르는 부분이 어디인지 헷갈릴 수 있습니다. 그래서 더 어렵습니다.

■ <작은 별>, <학교 종> 같은 노래로 돌림노래를 불러봅시다.

수업 효과

■ 돌림노래를 부르면 여러 화음을 쉽게 경험할 수 있으므로 화음감이 좋아집니다.

■ 함께 음을 지속하는 부분에서 풍성한 화음을 느껴봅니다.

■ 몸 동작과 함께 돌림노래를 부르면 틀리지 않고 지속해 노래할 수 있는 힘이 생깁니다.

■ 돌림노래로 조화로움을 경험할 수 있습니다.

화음

찰칵! 놀이 속으로

 돌림노래의 여러 방법을 안내합니다. 영상을 보면서 함께해

봅시다.

화
음

7. 오스티나토 아카펠라

#곰세마리 #아카펠라스타일 #오스티나토

☆ 5~6학년   👤 2명~다수   🕐 15~20분   💡 무반주 합창, 아카펠라

도전, 조화, 집중

놀이
설명
오스티나토란 일정한 길이의 리듬, 가락, 화음을 목소리, 물체 소리, 악기로 반복 연주하는 방법을 가리킵니다. <곰 세 마리> 를 오스티나토 아카펠라 스타일로 다 함께 불러봅시다!

1 모두 함께 <곰 세 마리> 노래를 불러봅니다.

2 다 함께 첫 번째 가락을 연습해봅시다.

화음

3 다 함께 두 번째 가락을 연습해봅시다.

4 두 모둠으로 나누어 한 모둠은 첫 번째 가락을 반복해 부르고 다른 모둠은 멜로디를 불러봅시다.

5 같은 방법으로 한 모둠은 두 번째 가락을 반복해 부르고 다른 모둠은 멜로디를 불러봅시다.

6 세 모둠으로 나누어 2개의 가락과 멜로디를 동시에 처음부터 끝까지 불러봅시다.

선생님의 조언

■ 첫 번째, 두 번째 가락을 익힐 때 천천히 정확한 음으로 반복해서 부릅니다.
■ 두 모둠으로 나뉘어 부를 때 빨라지지 않도록 주의합니다.
■ 여러 모둠으로 동시에 부를 때, 내 소리 말고 다른 소리도 들어보려 애씁니다.
■ <곰 세 마리> 말고 다른 노래로도 활동해봅시다.

수업 효과

■ 다성부 활동은 화성감을 키우기 위한 또 다른 중요한 요소입니다.
■ 박, 소리의 어울림을 느끼며 음악을 표현할 수 있습니다.
■ 동시에 나는 여러 소리를 듣고 조절할 수 있는 힘이 생깁니다.
■ 아카펠라 스타일의 음악을 느껴봅니다.

화
음

찰칵! 놀이 속으로

 각자 역할을 정해 함께해봅시다. 영상을 여러 번
돌려보면서 역할을 바꿔 따라 해도 좋습니다.

화
음

8. 도미솔 친구 만나기

#같은음

☆☆ 5~6학년　　👤 6명~다수　　🕐 10~15분　　💡 소리 유지, 주요 3화음

성찰, 자존, 협동

 간단한 화음에서 한 음씩 정해서 소리내며 같은 음 친구를 만나
봐요!

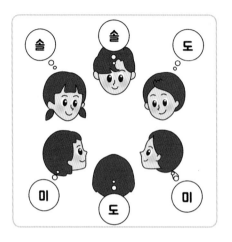

1 동그랗게 모여서 도, 미, 솔 중에 각자 소리내고 싶은 한 음을 마음속으로 정합니다.

2 걸어 다니면서 각자 정한 음을 계이름으로 소리내고, 자신과 같은 계이름을 내는 친구들과 모입니다.

3 시, 레, 솔 중 각자 내고 싶은 음을 정하고, 같은 식으로 활동해봅시다.

4 도, 파, 라로도 같은 활동을 해봅시다.

화음

5 계이름 대신 "우" 소리를 내면서 친구들과 함께 모여봅시다.

6 도, 미, 솔 1명씩 만나 3명이 하나의 팀으로 모여봅시다.

선생님의 조언

- 처음에는 "도", "미" 2개로만 시작해서 음을 늘려갑니다.
- 내 음이 흔들리지 않고 오래 유지되도록 신경 씁니다.
- 모인 친구들끼리 서로의 소리를 들으며 한 음을 만들어봅시다.
- "우" 외에 "아", "나" 등 다른 발음으로 소리내며 친구를 찾아봅시다.
- "레", "파", "라" 화음이나 "미", "솔", "시" 화음으로도 해봅시다.
- 각 음별로 1명 이상 모임으로써 화음을 쌓을 수도 있습니다.

수업 효과

- 음을 지속해야 하므로 흔들리지 않고 표현하는 힘이 좋아집니다. 화음을 자연스럽게 경험하고, 스스로 3화음에 필요한 소리를 찾아내므로 적극성이 길러집니다.
- 음악을 즐기려면 내 소리부터 잘 들어야 합니다. 내 소리를 들을 수 있을 때, 스스로 자기 노래나 연주의 잘된 점과 부족한 점을 파악할 수 있습니다. 음악에서 듣기는 내 소리를 잘 듣는 것에서부터 시작하므로 듣기 능력을 향상시킬 수 있습니다.
- 나와 주변의 소리의 조화로움을 경험하고, 친구들과 함께 음악을 만들어볼 수 있습니다.

찰칵! 놀이 속으로

 한 음으로도 노래를 즐겁게 만들고 부를 수 있습니다.
'도미솔 친구 만나기' 활동 후 이런 노래도 불러봅시다.

화음

9. 빠르기가 다른 〈곰 세 마리〉 같이 부르기

#오리지널 #느리게 #빠르게

 5~6학년　　 3명~다수　　🕐 15~20분　　💡 빠르기 변형, 유지, 응용

도전, 배려, 협동

 빠르기가 다른 노래를 함께 불러서 멋진 노래 만들기 도전!

화
음

활동 단계

1 <곰 세 마리> 노래를 일정한 빠르기로 다 같이 부릅니다.

2 2배로 느리게 불러봅니다.

3 2배로 빠르게 불러봅니다.

4 원래 빠르기와 느리게 부르는 버전을 함께 불러봅니다.

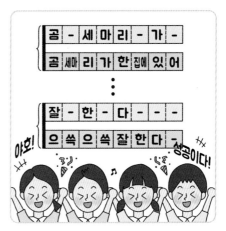

5 원래 빠르기와 빠르게 부르는 버전을 함께 불러봅니다.

6 안 틀리고 서로 함께 마치면, 성공!

선생님의 조언

■ 다 함께 손뼉치며 노래를 부르면 박자 맞추기가 더 좋습니다.

■ 자신의 노래와 친구들의 노래가 어울리는 것을 느껴봅니다.

■ 3가지 빠르기로 함께 부르기! 도전해보세요!

■ 가사를 '두'로 바꿔 "두-두두두-두-" 하고 불러봅시다.

■ 노래 가사에 맞는 일정한 동작을 만들어 불러보세요. 멋진 군무가 나옵니다.

수업 효과

■ 각기 다른 빠르기로 생기는 화음의 어울림을 느낄 수 있습니다.

■ 다른 빠르기의 노래 속에서 자기 노래를 유지하고 지키는 경험이 음악 안에서 자기의 표현 속도를 유지할 수 있게 도와줍니다.

■ 다른 소리와의 어울림으로 친구들과 함께 음악을 만들 수 있습니다.

화음

찰칵! 놀이 속으로

 하나의 빠르기 버전을 정하고 영상을 보며 함께 해봅시다.

10. 손 따로 노래 따로

#손은솔 #입은도

⭐ 5~6학년 👤 4명~다수 🕐 15~20분 💡 계이름, 멀티플레이

도전, 성찰, 자존

 놀이 설명 손 기호와 목소리로 나만의 화음 만들기 도전!

화음

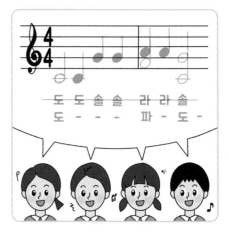

1 <작은 별> 노래를 계이름으로 노래하며 손 기호로 표현해봅시다.

2 악보의 붉은색으로 표시된 화음 성부 도 파도를 계이름으로 노래해봅시다.

3 화음 성부를 계이름으로 노래하며 손 기 호로 표현해봅시다.

4 입으로는 화음 성부의 첫 음인 도를 노 래하고 손 기호로 <작은 별>의 앞부분 인 도도솔솔을 표현해봅시다.

화음

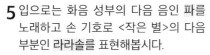

5 입으로는 화음 성부의 다음 음인 파를 노래하고 손 기호로 <작은 별>의 다음 부분인 라라솔를 표현해봅시다.

6 같은 방법으로 네 마디 연주하면 1차 성공!

선생님의 조언

▪ 처음에는 한 음, 한 마디씩만 해보면서 조금씩 여러 번 반복합니다.
▪ 손만 여러 번 연습해보는 것도 좋은 방법입니다.
▪ 1명이 손과 목소리로 표현할 때 다른 친구들이 손을 보면서 소리내주는 것도 좋습니다.
▪ 한 손으로는 멜로디를, 한 손으로는 화음을 연주해봅시다.

수업 효과

▪ 혼자 화음을 만들면서 화음감을 높일 수 있습니다. 화음을 많이 경험하면 다성부에 더 쉽게 적응할 수 있습니다.
▪ 혼자 손과 노래를 구분하고, 표현하려면 입으로 내는 소리와 머릿속으로 생각하는 음의 구분이 필요합니다. 이때 2개 이상의 음을 떠올릴 수 있을 때 이 활동을 더 잘할 수 있습니다.
▪ 친구가 표현하는 손의 음을 소리냄으로써 함께 음악을 만들어보고, 어우러지는 법을 배울 수 있습니다.

화음

찰칵! 놀이 속으로

손과 목소리를 따로 연습해도 좋습니다.

화음

11. 멜로디에 3화음 만들기

#더하기 #빼기

 5~6학년　 4명~다수　 15~20분　 계이름, 멀티플레이, 병진행

경청, 도전, 집중

 악보를 보고 3화음 만들기 도전!

화음

1 <비행기> 노래의 악보를 보고 계이름으로 불러봅시다.

2 노래의 계이름에서 두 음씩 올라간 계이름을 생각해봅시다.

3 두 모둠으로 나눠서 한 모둠은 멜로디를, 한 모둠은 화음을 노래해봅시다.

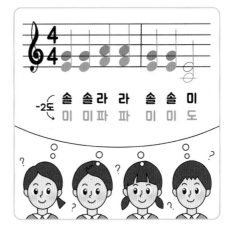

4 <학교 종> 노래의 악보를 보고 계이름으로 부르고, 아래로 두 음씩 내려간 계이름을 생각해봅시다.

화음

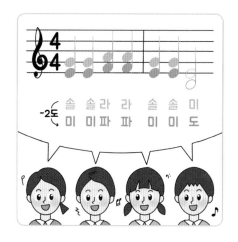

5 두 모둠으로 나눠서 한 모둠은 멜로디를, 한 모둠은 화음을 노래해봅시다.

6 모둠별로 화음을 노래해봅시다.

선생님의 조언

- 3도화음을 스스로 찾아 만들어보는 데 의미가 있습니다. 한 음씩 맞춰 찾아보도록 합시다.
- 2개의 음으로 화음을 내더라도 크게 어색한 경우는 거의 없습니다. 반주를 위해 코드 밖의 음이 제시되더라도 불편하지 않아도 됩니다. 천천히 화음을 느끼면서 해봅시다.
- 가사를 "우"나 "두"로 바꿔서 해봅시다.
- 3도화음 외에 4도화음, 5도화음으로도 해봅시다.

수업 효과

- 일반적으로 음악은 시간에 따라 흘러가는 변화를 경험하지만, 이 활동은 동시에 울리는 음을 듣고 구분해야 합니다. 그러므로 3도, 4도, 5도 등의 음정을 자연스럽게 이해할 수 있습니다. 또 음정을 계산하고, 화음을 만들어 노래하면서 좌뇌와 우뇌를 고루 사용합니다.
- 친구들과 함께 화음 만들기 과정을 즐겁게 체험해볼 수 있습니다.

찰칵! 놀이 속으로

 먼저 영상을 보고 관련된 음을 잘 듣습니다. 영상 없이 두 음을 각각 불러보고, 다시 영상을 보면서 한 파트씩 따라 해봅시다.

화
음

부록 ♪♫

부록 1-악보 모음

부록 2-음악놀이 분류법

부록 3-함께하면 좋은 음악놀이들

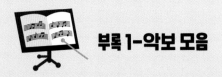

부록 1-악보 모음

1-5-1. 보통 빠르기

학교 종

4-7 리듬 빙고 예시

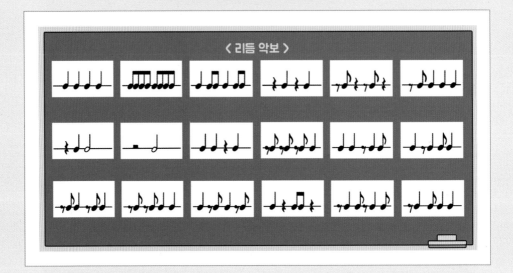

〈 리듬 악보 〉

도레미 송

Richard Rodgers 작곡
조홍기 개사

도 는 두 주 먹 쥐 고 래 는 지붕만들 고

미 는 다 리 만 들 고 파 는 손가락아 래

솔 은 눈 가 리 고 요 라 는 귀 신 손 가 락

시 는 도 깨 비 의 뿔 도 는 다 시 두 주 먹

도레미 송

Richard Rodgers 작곡
조홍기 개사

도 는 두 주 먹 쥐 고 래 는 지 붕 만 들 고

미 는 다 리 만 들 고 파 는 손 가 락 아 래

솔 은 눈 가 리 고 요 라 는 귀 신 손 가 락

시 는 도 깨 비 의 뿔 도 는 다 시 두 주 먹

계단 계이름

하행 계단 계이름

5-10. 가락 빙고

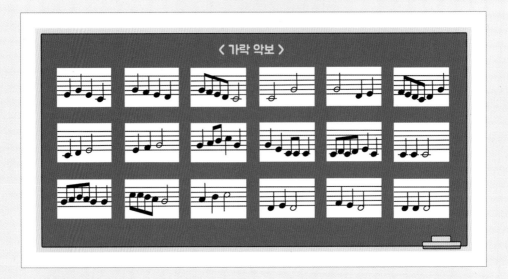

〈 가락 악보 〉

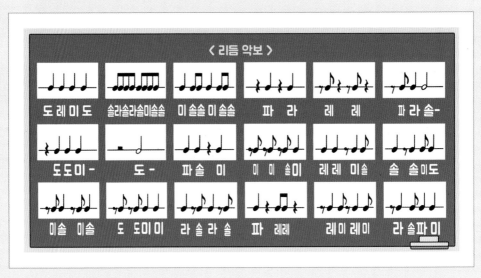

〈 리듬 악보 〉

음식 랩

한승모 작곡

부록1-악보모음 273

2

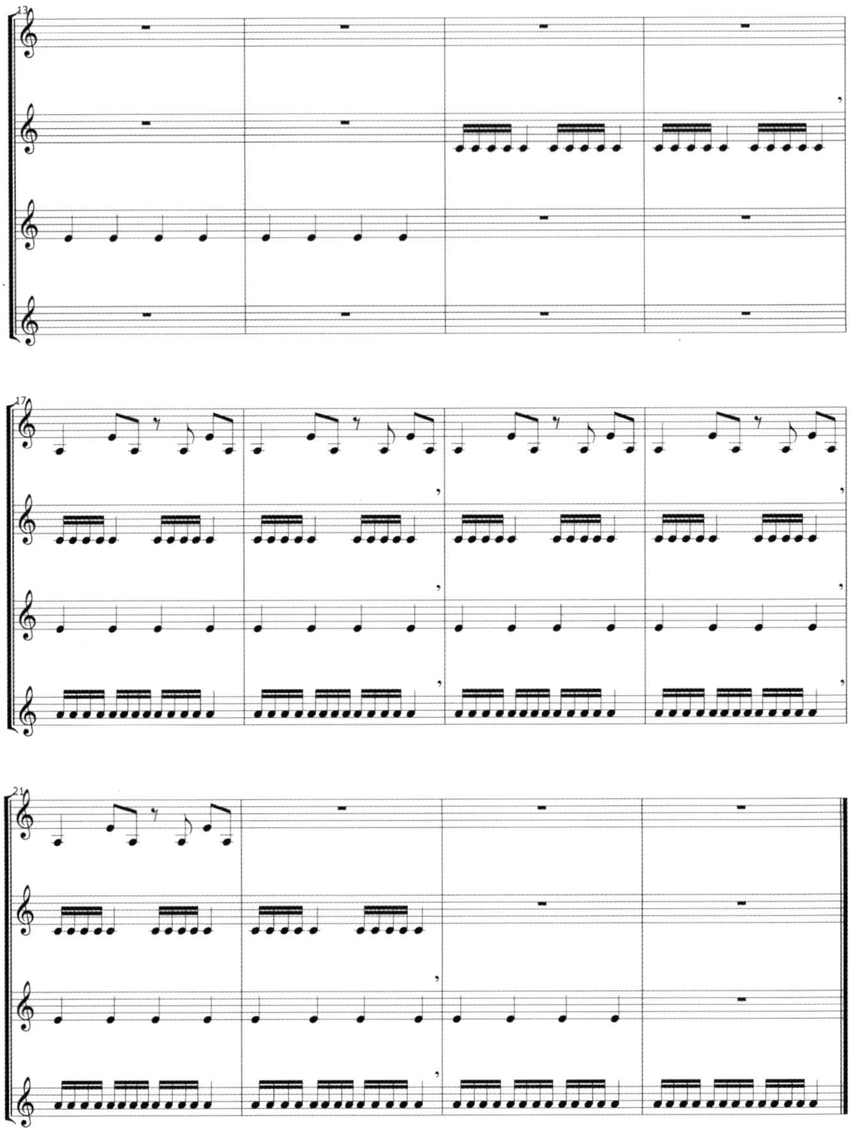

곰 세 마리

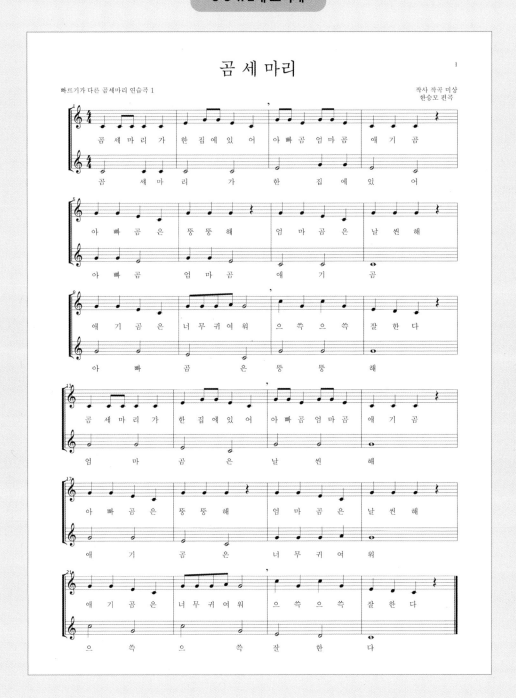

곰 세 마리

작은 별

부록 2-음악놀이 분류법

음악놀이는 활동의 목적에 따라 분류할 수도 있습니다. 호흡과 발성, 박과 리듬, 음과 음정, 화음 등의 표현력 신장을 목적으로 나누는 것입니다. 이렇게 목적이 있는 활동은 대부분 같은 음악요소를 사용합니다. 이를테면, 호흡과 발성을 위한 놀이는 주로 들숨과 날숨 관련 활동이나, 숨에 소리를 얹는 활동이 필요합니다. 박과 리듬에 관련된 놀이는 일정한 박자나 리듬을 기억하고 표현하는 활동이 주가 됩니다. 이 책에서도 어떤 음악요소가 주목적인지 기준으로 놀이를 제시했습니다.

표1 음악요소와 목적에 따른 음악놀이 분류

표1 같은 분류는 개별 놀이의 분류이기도 하나, (노래를 위주로 한) 음악의 구성요소이기도 합니다. 각 활동에서는 쉬운 놀이부터 어려운 놀이까지 난이도별로 놀이가 제시되며, 호흡에서부터 화음까지 수준이 어려워집니다.

이 중 노래(가창)놀이는 음악과 즐겁게 만나고, 어려운 수준의 음악놀이에도 긍정적으로 참여하도록 이끄는 역할을 합니다. 이에 따라 음악요소와 목적에 따른 놀이를 다시 배열해보면 표2와 같습니다.

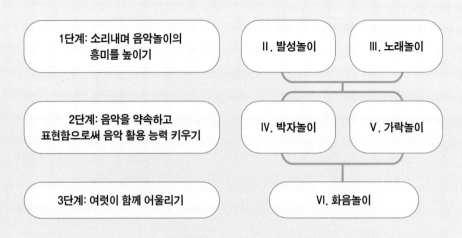

1단계: 소리내며 음악놀이의 흥미를 높이기	II. 발성놀이	III. 노래놀이
2단계: 음악을 약속하고 표현함으로써 음악 활용 능력 키우기	IV. 박자놀이	V. 가락놀이
3단계: 여럿이 함께 어울리기	VI. 화음놀이	

표2 음악요소의 활동 수준에 따른 분류

발성과 호흡은 음악의 기본으로, 노래와 악기 연주에 가장 기초적인 능력입니다. 발성과 호흡이 잘되면, 들숨 날숨을 조절할 수 있을 뿐만 아니라 원하는 표현을 위해 숨의 양을 조절할 수 있습니다. 여기어 더해 성대의 울림으로 고르고 정확한 음을 만들어낼 수도 있습니다. 가슴과 얼굴 부위 등 여러 기관의 공명을 느끼고 조절할 수 있고, 입술과 혀를 활용해 올바르게 발음하는 데에도 도움받을 수 있습니다.

노래는 음악의 여러 요소를 악기의 힘을 빌리지 않고 표현하는 방법입니다. 사람은 누구나 노래를 부를 수 있습니다. 노래를 잘 부르기 위해서는 여러 기능이 필요합니다. 마찬가지로 노래를 불러본 경험이 풍부하고 잘 부르는 사람일수록 호흡, 리듬, 음정, 화음에 대한 능력이 모두 매우 높습니다. 노래와 관련된 여러 놀이는 음악의 여러 역량을 강화합니다. 무엇보다 누구나 즐길 수 있는 음악의 표현 방법을 효과적으로 배울 수 있습니다.

발성과 호흡, 노래로 하는 놀이들은 모두 소리내기와 노래에 친숙해지는 데 도움이 됩니다. 자연스럽게 음악으로 상상하고, 바꾸고, 흉내 내고, 동시에 여러 활동을 해야 하는 음악놀이의 기본기를 익히기에 꼭 필요한 활동들이지요. 이 놀이들은 초등학교 저학년부터 가능하며 중학년 고학년에도 활용할 수 있습니다. 또한, 다음 단계의 음악놀이에 매우 중요한 기초 활동이기 때문에 충분히 경험하는 것이 매우 중요합니다.

박과 리듬은 음악에 생명을 불어넣는 맥박과 같습니다. 음악을 제대로 연주하려면 빨라지거나 느려지지 않고 일정하게 박자를 맞출 수 있어야 합니다. 의도에 맞춰 다양하고, 정확한 리듬의 사용이 가능해야 합니다. 내가 표현하고 싶은 리듬을 상상하고 창작해서 목소리나 악기로 연주할 수도 있어야 합니다. 또한, 일정한 길이의 리듬을 기억하고 연주할 수 있으면 다른 성부와의 어울림까지 느낄 수도 있습니다.

가락은 음과 음정이 연결돼서 만들어낸, 보이지 않는 흐름을 가리킵니다. 음과 음정은 음악에 생각과 감정을 담는 도구로써, 원하는 음을 정확히 표현해야 의도한 대로 연주할 수 있습니다. 그러므로 음의 높낮이를 구분할 줄 알아야 하고, 상대 음정에 맞게 음을 구분하거나 소리낼 수 있어야 합니다. 또 박과 리듬과 같이 일정한 길이의 가락을 기억하고 연주하는 능력도 키워야 합니다.

박과 리듬, 가락으로 하는 음악놀이들은 호흡과 발성, 노래로 하는 음악놀이보다 조금 더 약속하고 활용할 것이 많습니다. 중학년에서부터 시작하기에 좋으나, 현재 우리나라의 초·중·고 학생들의 음악 경험이 매우 다르기 때문에 학생의 수준에 따라 달리 적용할 수 있습니다.

화음은 음악의 색깔을 만들고 배경을 완성하는 도구입니다. 음악은 대부분 화음을 지녔습니다. 현대 음악에서 화음이 없는 경우는 특별한 전통음악이나 타악 외에는 없습니다. 그런 의미에서, 화음을 이해하고 표현할 수 있으면 음악을 매우 아름답게 나타낼 수 있습니다. 의도한 화음을 원하는 대로 소리낼 수 있으면 분위기를 더 효과적으로 전달할 수 있으니까요. 다른 음에 어울리는 화음으로 소리를 풍성하게 만들거나 감동을 키울 수도 있습니다.

화음놀이는 위의 여러 놀이가 복합적으로 섞인 음악놀이입니다. 음정을 비교적 정확하게 표현하고, 화음을 느낄 수 있는 시기는 보통 초등학교 고학년부터지만, 아까도 말했듯이 우리나라 학생들은 음악 경험이 매우 다르므로 학급의 학생 수준에 맞춰 적용하는 것이 필요합니다.

부록 3-함께하면 좋은 음악놀이들

학기 초에 좋은 흉내 내기 모음

쉽고, 재미있는 활동들이라 어색함을 없애는 데 도움이 됩니다. 흉내 낼 대상의 특징을 살려 숨 쉬거나 소리내봅니다. 신나게 놀이활동을 하다 보면 우리 반 아이들이 조금씩 가까워지고 있음을 느낄 수 있습니다.

2-1 동물 호흡 흉내 내기　27

2-6 웃음소리 따라 내기　47

2-9 동물 소리 흉내 내기　59

2-10 생활 속 다양한 소리 흉내 내기　63

노래할 때 도움이 되는 긴 호흡

노래의 가장 기본 단계인 호흡량 조절에 도움이 되는 놀이입니다. 학생들에게 스스로의 몸을 잘 느끼면서 활동하라고 강조합시다.

2-3 한 음 오래 내기　35

2-4 한 번에 읽기　39

2-5 느리게 부르기　43

2-7 한숨에 노래 부르기　51

고음 불가 해결책

더 높은 소리의 음을 내고 싶다면 좋은 호흡으로, 목에 무리 가지 않는 선에서 여러 소리를 내볼 필요가 있습니다. 스스로의 소리에 집중해서 조금씩 더 높은음에 도전할 수 있도록 해봅시다.

2-6 웃음소리 따라 내기　47

2-8 음 쌓기   55

3-5 흉내 내서 부르기   87

5-8 계단 계이름   203

박치 극복

박자를 잘 맞추지 못하면 음악활동 시 속상한 일이 많이 생깁니다. 기본박을
잘 느끼면서 리듬 활동을 함으로써 박치를 극복할 수 있도록 도와줍시다.

3-8 손뼉치며 노래 부르기   99

3-9 손뼉치기 놀이 1   103

3-10 손뼉치기 놀이 2   107

4-4 리듬 묻고 답하기   131

4-9 리듬 프라이팬 놀이 1   153

4-10 리듬 프라이팬 놀이 2   159

즐겁게 노래하고 싶다면!

노래를 재미있게 부르는 방법만 모았습니다. 친구들과 함께 순서를 정하고,
움직이고, 계이름을 생각하면서 노래하는 시간을 가져봅시다.

3-1 이어 부르기   71

3-2 침묵 부르기   75

3-4 부분 바꿔 부르기   83

3-5 흉내 내서 부르기   87

5-1 가락선 따라 음 내기   175

5-3 손 기호 노래   183

5-5 몸 계이름   191

5-6 손가락 오선   195

사고력과 집중력이 쑥쑥! 생각하며 노래하기

음악은 감정을 담은 활동이자 많은 생각이 필요한 활동입니다. 깊이 생각하고 집중해야 하는 활동들을 모았습니다.

3-8 손뼉치며 노래 부르기   99

3-9 손뼉치기 놀이 1   103

3-10 손뼉치기 놀이 2   107

3-11 한 음 당겨(밀어) 노래 부르기   111

6-7 오스티나토 아카펠라   243

6-10 손 따로 노래 따로   255

6-11 멜로디에 3화음 만들기   259

교실 합주

아이들이 스스로의 소리에 집중하며 함께 만드는 음악의 어울림을 느끼게 도와주는 놀이들입니다. 리듬 합주가 더 쉬워집니다.

4-3 북치기 박치기   127

4-12 3, 5, 7   167

6-1 계란말이   219

경청에 도움이 되는 묻고 답하기

잘 듣는 것은 음악뿐만이 아닌 잘 사는 데에도 도움이 됩니다. 묻고 답하기 활동에서는 묻는 사람의 소리와 의도를 정확히 알아야지만 제대로 대답할 수 있습니다. 아래 놀이 모음으로 경청을 위한 마음가짐과 태도 둘 다 길러줄 수 있습니다.

4-4 리듬 묻고 답하기   131

5-4 손 기호 맞히기   187

5-5 몸 계이름   191

5-6 손가락 오선   195

6-2 계이름 맞히기   223

6-4 음으로 묻고 답하기   231

음악시간에 몸을 쓰며 활동하고 싶다면!

음악시간에도 몸을 쓸 수 있을까요? 물론입니다. 몸을 쓰면서 음악놀이 활동을 하면 더욱더 즐겁게, 많은 것을 배울 수 있습니다. 교실에서 복작복작 함께 해봐요.

2-6 웃음소리 따라 내기   47

2-10 생활 속 다양한 소리 흉내 내기   63

3-6 노래 술래 찾기   91

3-7 무궁화 꽃이 피었습니다   95

4-1 몸으로 박자 만들기   119

4-12 3, 5, 7   167

5-5 몸 계이름   191

6-8 도미솔 친구 만나기   247

집중력과 기억력 향상에 도움이 되는 릴레이

릴레이 시리즈는 음악에 좀 더 집중하게 해줍니다. 앞사람의 표현을 잘 듣고 기억해야지만 내 것도 잘할 수 있기 때문에 기억력에도 도움이 됩니다. 아이들이 혼자 하기 어려워하면 여럿이 함께 도와가며 놀이하도록 해봅시다.

4-5 리듬 릴레이 모방   137

4-6 리듬 시장에 가면   141

5-7 음 이어 가락 전달하기   199

5-9 가락 시장에 가면   207

음악으로 하는 빙고 게임

노래 제목, 가사 같은 '글'이 아닌 '음악' 자체로 빙고 놀이를 해보면 음악과
더 깊이 만날 수 있습니다.

4-7 리듬 빙고   145

5-10 가락 빙고   211

자투리 시간 활용에 좋은 프라이팬 놀이

친숙하고 쉬운 프라이팬 놀이를 준비 활동까지 포함해서 모아봤습니다.

4-4 리듬 묻고 답하기   131

4-8 리듬 바꾸기   149

4-9 리듬 프라이팬 놀이 1   153

4-10 리듬 프라이팬 놀이 2   159

상대음감 높이기

상대음감을 높이면 대부분의 음악활동이 쉽고 재미있어집니다. 단계별로 아
래 활동을 따라 하며 상대음감을 높여봅시다!

5-3 손 기호 노래   183

5-7 음 이어 가락 전달하기   199

5-8 계단 계이름   203

6-2 계이름 맞히기   223

6-3 손가락 음정   227

6-4 음으로 묻고 답하기   231

6-8 도미솔 친구 만나기   247

부분 2부 합창 전에

처음에는 혼자, 그다음에는 친구와 함께 다성부를 경험하고 정확한 음을 내는 활동들입니다. 정확한 음을 소리내는 활동 뒤에 2부 합창을 하면 더 아름다운 화음을 낼 수 있습니다.

3-8 손뼉치며 노래 부르기   99

5-3 손 기호 노래   183

5-6 손가락 오선   195

5-8 계단 계이름   203

6-2 계이름 맞히기   223

아카펠라 스페셜

아카펠라를 음악놀이로도 만날 수 있습니다. 하지만 성급한 도전은 금물! 친구와 함께 도전하고 성취하는 기쁨을 맛보기 참 좋은 활동 모음입니다.

5-3 손 기호 노래   183

5-6 손가락 오선   195

5-8 계단 계이름   203

6-1 계란말이   219

6-5 다른 노래 함께 부르기   235

6-6 돌림노래 놀이   239

6-7 오스티나토 아카펠라   243

6-9 빠르기가 다른 <곰 세 마리> 같이 부르기   251

6-11 멜로디에 3화음 만들기   259

참고 문헌

김종인, 〈7가지만 알면 나도 가수왕〉(한언, 2004)

조순이 외, 〈3학년 음악 교과서〉(비상교육, 2017)

조순이 외, 〈4학년 음악 교과서〉(비상교육, 2017)

조홍기, 〈코다이 음악교육〉(세광음악출판사, 2004)

조홍기, 〈캐논 연습곡집〉(다라, 1998)

한승모, 〈어린이를 위한 음악 이야기〉(현북스, 2017)

한승모 · 이종석, 〈학교야 아카펠라 하자〉(예솔, 2016)

Gunild Keetman(조순이 옮김), *Elementaria*(도서출판 태성, 2002)

Grace C. Nash, *Creative Approaches to Child Development with Music, Language and Movement*(Alfred Publishin Co. 1974)

맺는 글 ♪♫

이 책의 삽화 작업을 처음 제안받았을 때, 저희는 교직 생활을 갓 시작해 허우적대던 신규 교사였습니다. 교대를 막 졸업하고 근거 없는 자신감으로 똘똘 뭉쳤던 초보들에게 학교생활은 마음처럼 쉽지 않았습니다. 음악시간도 예외일 수는 없었습니다. 노랫말에 어울리는 율동을 곁들이거나 마라카스를 만들어 흔드는 순간이 즐거울 때도 있었지만, 노래만 달라질 뿐 익숙한 패턴이 반복되다 보니 음악시간이 더 이상 기대되지 않는다는 사실이 속상하기만 했지요.

그러던 어느 여름, 강릉에서 열린 한승모 선생님의 음악놀이 연수에 다녀온 저희는 신선한 충격에 빠졌습니다. '음악시간이 이렇게 웃으면서 즐기는 시간이 될 수 있었구나!' 그리고 깨달았죠. 우리 교실의 음악시간에는 아이들이 없었다는 사실을 말입니다. '우리 반의 음악시간은 내가 A를 하면 아이들이 B라고 답하길 원하는 시간이었구나.' 하고요. 임용고시를 위해 주먹구구식으로 공부한 내용으로는 음악수업을 재미있게 할 수 없는 게 당연했습니다. 저희가 익힌 지식 속에는 아이들의 호흡과 가락이 들어 있지 않았으니까요.

한승모 선생님이 소개해주시는 음악놀이는 아이들이 중심입니다. 그 과정에서 아이들은 마음껏 놀이를 변형하여 색다르게 변주할 수 있지요. 노래로써 호흡하고 리듬을 만지며 가락을 오르내리는 재미를 즐기면서요. 음악과 놀이, 두 가지가 동시에 추구하는 핵심은 이것이라고 생각합니다. 아이들이 자발적으로 참여하는가? 또, 그 과정에서 즐거움을 느끼는가? 저희는 그 마음을 삽화에 담기 위해 노력했답니다.

삽화 작업 과정에서, 소리를 종이 위에 옮기는 작업은 분명히 까다로웠습니다. 우리는 악보에 익숙하지 않은 분들도 그림을 보면 직관적으로 이해할 수 있도록 삽화를 그리려 노력했습니다. 그런 어려움에도 불구하고, 삽화를 그린 나날은 많은 것을 배워나간 값진 시간이었습니다. 오랫동안 자세히 들여다본 음악놀이가 우리의 교실에 생생한 즐거움을 가져왔으니까요. 특히 아이들이 점심시간에 '도도레도'로 행진 아닌 행진을 하던 장면은 앞으로도 잊지 못할 거예요.

지쳐가던 어느 나날에 다시금 추진력을 얻어 일을 무사히 마칠 수 있었던 건 모두 주변의 따뜻한 도움이 있었기 때문입니다. 서로를 도와 일을 마친 우리 둘. 작업할 때마다 기다려주고 곁에서 웃음을 준 영진이. 부족한 그림을 보면서도 고생한다며 격려해주신 부모님. 좋은 기회를 만들어주신 김차명 선생님. 다양한 피드백으로 좋은 책을 만드느라 애써주신 에듀니티 팀. 그리고 부드러운 카리스마로 많은 것들을 가르쳐주시고, 항상 저희를 따뜻하게 북돋아주신 한승모 선생님. 모든 분에게 감사한 마음을 전합니다.

그린이
박자원, 박채현

30시간 2학점 원격연수

음이 맞지 않아도 박자가 틀려도 즐겁고
웃을 수 있다면 그것이 좋습니다

[음악여행]음악으로
성장하는 교사, 행복한 아이들

〈음악여행〉에서는 단순한 음악 이론을 넘어, 실제 현장에서 이루어지고 있는 음악 교육을 살펴봄으로써
음악의 다양한 영역이 어떻게 실천되고 있는지 알아보려고 합니다.
나아가 음악을 통해 소통하고 화합하는 방법을 배우고, 음악을 통한 교사와 학생의 긍정적인 변화를 기대해 봅니다.

<모듈1.준비하기>
1. 함께하는 음악여행 마음준비
2. 창의 인성 교육, 문화 예술 교육 사례 살펴보기

<모듈2. 수업 들여다보기>
3. 노래로 행복한 교실 Ⅰ - 유대현 선생님
4. 노래로 행복한 교실 Ⅱ - 유대현 선생님
5. 세계 음악 여행 Ⅰ - 강명신 선생님
6. 세계 음악 여행 Ⅱ - 강명신 선생님
7. 우리 음악으로 나를 찾는다 Ⅰ - 김광민 선생님
8. 우리 음악으로 나를 찾는다 Ⅱ - 김광민 선생님
9. 내 마음을 표현하는 악기 Ⅰ - 서종우 선생님
10. 내 마음을 표현하는 악기 Ⅱ - 서종우 선생님
11. 함께해요, 아카펠라 Ⅰ - 한승모 선생님
12. 함께해요, 아카펠라 Ⅱ - 한승모 선생님
13. [특강]김용우 선생님의 민요 이야기 Ⅰ
14. [특강]김용우 선생님의 민요 이야기 Ⅱ

<모듈3. 이론과 실제>
15. 오르프 교수법 - 신체 타악기
16. 오르프 교수법 - 신체 타악기로 합주 만들기
17. 수업 나누기(강명신) - 오스티나토 활용
18. 수업 나누기(김광민) - 오스티나토 합주
19. 코다이 교수법 - 개요 및 구성 요소
20. 코다이 교수법 - 적용의 실제
21. 수업 나누기(서종우) - 리코더 화음 연습
22. 수업 나누기(유대현) - 다양한 음정 연습
23. 다성부 - 다양한 화음 연습 Ⅰ
24. 다성부 - 다양한 화음 연습 Ⅱ
25. 수업 나누기(한승모) - 다성부
26. [특강]백창우 선생님의 노래 이야기 Ⅰ
27. [특강]백창우 선생님의 노래 이야기 Ⅱ
28. [특강]백창우 선생님의 노래 이야기 Ⅲ
29. [특강]백창우 선생님의 노래 이야기 Ⅳ

<모듈4. 마무리하기>
30. 교실 속 노래 이야기

강의 한승모 / 강명신 / 김광민 / 서종우 / 유대현 / 김용우 / 백창우
한승모(인제남초 교사) : 아카펠라 아카펠라교육연구회 회장
강명신(서울 동교초 교사) : 세계민속음악, 김광민(전주 지곡초 교사) : 국악
서종우(부산 분포초 교사) : 오케스트라, 유대현(파주 한빛초 교사) : 합창
김용우 : 국악인, 백창우 : 노래하는 시인

30시간 2학점 원격연수

가장 나다운 모습으로
상대방의 입장이 되어보는 교육

교육놀이,
용기 있게 놀아보자!

외톨이, 고집쟁이, 겁쟁이, 욕심쟁이, 무기력한 우리 아이들.
이러한 문제들은 메말라가는 사회 속에서 함께 놀 수 있는 기회를 잃고 방법을 몰라서 더욱 심각해지는 것은 아닐까요.
교육과 놀이의 의미 있는 만남에는 즐거움, 소통, 성장, 배움이 있습니다. 놀이를 통해 즐겁고 자연스럽게 교육을 하기 위해서는
교육적인 고민과 도전하고 함께 즐길 수 있는 마음가짐이 필요합니다. 지금 바로, 용기 내서 시작하시길 바랍니다.

<학교에서 용기 있게 놀이 위한 마음 바탕 다지기>
1. 교사의 행복은 아이들의 행복
2. 최상의 교육은 놀이
3. 재미가 없는 것은 죄악
4. 우리가 몰랐던 놀이의 효과
5. 교육 전문가다운 놀이
6. 마음의 상처를 치유하는 놀이
7. 뇌 발달과 상상력, 창의성

<만남, 웃음, 감동을 주는 심성놀이!>
8. 첫 만남
9. 너 이름이 뭐니?
10. 관계형성 공동체 놀이 – 짝, 모둠
11. 관계형성 공동체 놀이 – 전체
12. 왕따 없는 학급을 위한 공동체 놀이
13. 찐하게 친해지기

<놀이로 수업을 디자인 하라!>
14. 놀이로 만드는 수업시작 5분

15. 수업내용, 놀이로 꾸미기1
16. 수업내용, 놀이로 꾸미기2
17. 수업내용, 놀이로 꾸미기3
18. 수업내용, 놀이로 꾸미기4
19. 지루한 수업, 놀이로 분위기 전환하기1
20. 지루한 수업, 놀이로 분위기 전환하기2
21. 주의 집중을 위한 노래와 손동작
22. 발표와 모둠 구성을 위한 놀이
23. 놀이로 하는 수업 마무리

<모든 배움은 놀이로 통한다!>
24. 삶을 예술로 만드는놀이 삼매경
25. 강당에서 하는 전체 놀이
26. 인터넷 게임보다 재미있는 전래놀이
27. 진로 탐색을 위한 놀이
28. 리더십 향상을 위한 놀이
29. 다양하게 즐기는 학급단합대회 - 모둠놀이
30. 다양하게 즐기는 학급단합대회 - 집단놀이

강의 〈놀이교사모임 가위바위보〉
저희는 민족, 민주, 인간화 교육이라는 교육 이념을 바탕으로 놀이에 대해 고민하고 연구하며,
이를 학교 현장을 중심으로 실천하고 널리 알리며, 다양한 교육문화예술 활동을 통해 참교육 세상을 이루고자 모였습니다.
정기적인 모임을 통하여 놀이를 수집, 실천하고 사례연구하며 학기와 방학 중 놀이연수를 통하여 놀이나눔을 실천하고 있습니다.
1992년 서울에서 시작하여 현재 인천, 부산, 울산, 제주, 강원(원주), 충북(청주), 대구, 경북(경주/포항), 경남(창원)지역에서 활동하고 있습니다.

30시간 2학점 원격연수

단 한 명도 포기하지 않는 교육을 위해!

읽고 쓰지 못하는 아이들
– 문맹과 문해맹을 위한 한글 지도

한글은 배우지 않아도 알 수 있을 정도로 쉬운 글자이지만 생각보다 많은 사람들이 읽고 쓰는 데 어려움을 겪습니다.
한글 지도방법을 제대로 배우지 못한 교사가 읽고 쓰는데 조금 더 특별한 어려움을 겪는 아이에게 한글을 가르치는 일은
분명 까다롭고 어려운 일입니다. 최소한의 읽고 쓰는 문제를 넘어, 우리 아이들이 제대로 말하고, 읽고, 쓸 줄 아는 어른으로
성장하여 사회 안의 구성원으로 함께 살아갈 수 있도록 희망의 실마리를 함께 찾아보시길 바랍니다.

1. 읽고 쓰지 못하는 아이들

2. 단 한 명도 포기하지 않는 교육

3. 아이의 읽기 발달 단계 이해

4. 한글 단어 읽기 발달의 특징

5. 학습이 더딘 아이의 언어 발달 특징

6. 발달 단계에 맞는 국어 수업1(읽기, 쓰기 지도)

7. 발달 단계에 맞는 국어 수업2(1~3학년)

8. 발달 단계에 맞는 국어 수업3(4~6학년)

9. 초기 문자 지도, 어떻게 할까?

10. 그림책을 활용한 읽기 지도(1)

11. 그림책을 활용한 읽기 지도(2)

12. 아이의 마음을 열어요

13. 학생 일대일 지도 사례

14. 아이랑 선생님이랑 놀자

15. 우리는 궁금합니다

강의 홍인재 교감선생님, 읽기 연구회 선생님들
사례발표/이해영 선생님, 오현옥 교감선생님, 정미영 선생님, 김민숙 선생님

30시간 2학점 원격연수

그림책을 보며 나는 아이들 속으로
아이들은 내 속으로 걸어 들어온다

학급에서 활용하는
그림책 이야기(기본과정)

그림책은 유아용 혹은 아동용이라는 편견을 갖기 쉽습니다. 하지만 그림책에도 이야기가 있고, 이 이야기를
이해하고 풀어나가는 능력이 필요합니다. 우리가 흔히 접하기 쉬운 교과서도 어떤 면에서는 그림책이라고 할 수 있습니다.
이 과정에서는 교과서를 비롯한 그림책을 재미있게 읽는 방법, 좋은 그림책을 선별하는 방법, 그리고 이것을 활용해
아이들과 소통하는 방법 등에 대해 알고, 실제 교과지도 및 학급운영에서 활용해 볼 수 있도록 이론과 사례를 제공합니다.

1. 듣기의 특성
2. 읽기의 특성
3. 그림책을 읽어주어야 하는 까닭
4. 그림책 읽어주는 방법
5. 그림책의 가치 Ⅰ
6. 그림책의 가치 Ⅱ
7. 그림책의 개념 Ⅰ
8. 그림책의 개념 Ⅱ
9. 그림책의 역사와 내용적 특성
10. 그림책의 구조적 특성
11. 그림책의 작가와 독자 Ⅰ
12. 그림책의 작가와 독자 Ⅱ
13. 글없는 그림책
14. 그림의 비중이 큰 그림책
15. 글의 비중이 큰 그림책

16. 글과 그림의 관계 Ⅰ(협응과 보완의 관계)
17. 글과 그림의 관계 Ⅱ(구체화와 확장의 관계)
18. 글과 그림의 관계 Ⅲ(대위법적인 관계)
19. 글과 그림을 한 작가가 창작한 그림책
20. 글작가와 그림작가가 공동창작한 그림책
21. 기존 동화를 재구성한 그림책
22. 옛이야기를 재구성한 그림책
23. 그림책의 갈래-옛이야기 그림책
24. 그림책의 갈래-판타지 그림책
25. 그림책의 갈래-리얼리즘 그림책
26. 그림책의 갈래-정보 그림책
27. 그림책의 갈래-시(운문) 그림책
28. 그림책 활용-그림책과 매체 변환
29. 그림책 활용-그림책을 활용한 교과 지도
30. 그림책 활용-인성 지도 및 독후활동

강의 최은희

1990년 오월문학상 수상, 시인으로 등단 | 문예계간지『노둣돌』, 『삶의문학』작품 활동
공주교육대학교 <아동문학의 이해> 출강(2005~2008년)
교사, 학부모, 도서관 및 각종 직무연수 강의 (150회 이상)
우리교육교사아카데미 그림책 기초.심화과정 강의 (2002년~2010년)
2007 개정교육과정 국어과 5학년 1~2학기 읽기 교과서 집필
서울시교육청 교사직무연수 '에듀니티'의『최은희의 그림책 교실』운영 (2011년~)